ALMANAC

DES

AMBASSADES.

L' AN 1803.

ALMANAC

DES

AMBASSADES

OU

Liste générale des Ambassadeurs, Envoyés, Ministres, Résidens, Chargés d'affaires, Conseillers et Secrétaires de légation, Drogmans, Consuls, Commissaires des relations commerciales et Agens diplomatiques et commerciaux près les puissances et dans les villes et ports

DE

L'EUROPE.

L'AN 1803

PAR *ANTOINE-CHRETIEN WEDEKIND.*

A BRONSVIC,

CHEZ FREDERIC VIEWEG.

AVANT - PROPOS.

La plupart des savans en fait de politique seront d'avis, je pense, que l'illustre et respecta-
ble corps des Agens diplomatiques et commerciaux peut demander à bon droit d'être présenté
dans un recueil particulier. L'Opuscule que j'of-
fre au public en est un essai. On conviendra
aisément qu'il n'a pas existé jusqu'à présent de
collection aussi ample que celle-ci, qui monte au
delà de seize cens noms. Je suis loin toutefois
de m'imaginer avoir fourni un manuel parfait
ou à peu près, puisque j'en connais les défec-
tuosités plus que personne. Cette considération
n'a pourtant pu m'empêcher de l'entreprendre.
J'ose espérer qu'une critique équitable jugera de
cet ouvrage comme d'un coup d'essai, qui, en
facilitant les communications entre experts, ser-
vira du moins à le perfectionner et à le com-
pléter davantage.

Les sources de ce livre sont les différens al-
manacs statistiques, les feuilles politiques et com-

merciales et les recueils des traités publics de nos temps, joints à des correspondances directes et à des récits et remarques de voyageurs et de négocians. Communément ces dernières notices ont été si stériles que je n'ai réussi que très-rarement à apprendre les noms de batême, desquels toutefois la connaissance est nécessaire pour se garantir des méprises et même pour procurer à ces registres une existence plus qu'éphémère.

J'ai mis à la tête les quatre calendriers dont le corps diplomatique ne saurait se passer. A l'égard des états où leur entrée est interdite mon libraire aura soin de les ôter. J'ai joint de-plus aux noms des ministres la date de la présentation des lettres de créance ou du pleinpouvoir et quelquefois aux autres noms la date du jour où s'est faite la légitimation. — Quant à l'annotation des Agens hors de l'Europe elle passera pour un petit surcroît que ni l'annonce ni le titre ont promis.

La continuation paraîtra, s'il se peut, vers le milieu de Janvier 1804.

A LUNEBOURG, ce 6. Février 1803.

CALENDRIER

QUADRUPLE.

Comput ecclésiastique.

CALENDRIER

	DE L'EMPIRE 1803. Janvier.	JULIEN 1802. Décembre.	FRANÇAIS XI. Nivôse.	MAHOMET. 1217. Ramadan.
S.	1 La Circoncision.	20	11	7
D.	2 Dimanche	21 l'Avent 4.	12	8
L.	3	22	13	9
M.	4	23	14	10
M.	5	24	15	11
J.	6 L'Epiphanie	25 Noël	16 L'Epiph.	12
V.	7 ● Pl. Lune	26	17	13) Jours
S.	8	27	18	14) heu-
D.	9 1 Epiphanie	28 Dim. apr.	19	15) reux
L.	10 S. Paul, 1r. Herm.	29 Noël.	20 Décadi	16
M.	11	30	21	17
M.	12	31	22	18
J.	13	1 JANVIER	23	19
V.	14	2 1803.	24	20 Défaite de-
S.	15	3	25	21 vant Vien.
D.	16 Epiph. 2 ☾	4 Dimanche	26	22
L.	17 S. Antoine, Abbé	5	27	23
M.	18	6 l'Epiphan.	28	24
M.	19	7	29	25
J.	20 S. Fab, Sébastien	8	30 Décadi	26
V.	21	9	1 PLUVIÔSE	27
S.	22	10	2	28
D.	23 Epiphan. 3 ◉	11 Epiphan.1	3	29
L.	24	12	4	30
M.	25 La Conversion	13	5	1) SCHWAL.
M.	26 de S. Paul.	14	6	2) Grand
J.	27	15	7	3) Beiram
V.	28	16	8	4
S.	29	17	9	5
D.	30 Epiphan. 4 ☽	18 Epiphan.2	10	6
L.	31	19	11	7

GALENDRIER

	DE L'EMPIRE 1803. FÉVRIER.	JULIEN 1803. JANVIER.	FRANÇAIS XI. PLUVIÔSE.	MAHOMET. 1217. SCHWAL.
M.	1 Epiphan. 4	20	12	8
M.	2 la Purificat.	21	13	9
J.	3	22	14	10
V.	4	23	15	11
S.	5	24	16	12
D.	6 Septuag. ● S. Do-	25 Epiph. 3	17	13) Jours
L.	7 rothée V.	26	18	14) heu-
M.	8	27	19	15) reux
M.	9	28	20	16
J.	10	29	21	17
V.	11	30	22	18
S.	12	31	23	19
D.	13 Sexagésime	1 FÉVRIER	24	20
L.	14 S. Valent. ☾	2 Septuag.	25	21
M.	15	3	26	22
M.	16	4	27	23
J.	17	5	28	24
V.	18	6	29	25
S.	19	7	30	26
D.	20 Quinquagésime	8 Sexagés.	1 VENTÔSE	27
L.	21 ◉	9	2	28
M.	22 la Carême	10	3	29
M.	23 les Cendres	11	4	1 DULKAAD.
J.	24 S. Mathias, Apôt.	12	5	2
V.	25	13	6	3
S.	26	14	7	4
D.	27 Invocavit	15 Quinquag	8	5
L.	28 ☽	16	9	6

CALENDRIER

DE L'EMPIRE. 1803. MARS.	JULIEN 1803. FÉVRIER.	FRANÇAIS XI. VENTÔSE.	MAHOMET. 1217. DULKAADAH.
M. 1	17 La Carême	10	7
M. 2 4 Tems.	18 Les Cen-	11	8
J. 3	19 dres.	12	9
V. 4	20	13	10
S. 5	21	14	11
D. 6 Reminiscere.	22 Quadrag.	15	12
L. 7	23	16	13) Jours
M. 8 ●	24	17	14) heu-
M. 9	25 4 Tems.	18	15) reux.
J. 10	26	19	16
V. 11	27	20	17
S. 12 S. Grégoire.	28	21	18
D. 13 Oculi.	1 Mars. Re-	22	19
L. 14	2 min.	23	20
M. 15	3	24	21
M. 16 ☾	4	25	22
J. 17 Ste. Gertrude V.	5	26	23
V. 18	6	27	24
S. 19	7	28	25
D. 20 Laetare.	8 Oculi.	29	26
L. 21 Printems.	9	30	27
M. 22	10	1 GERMINAL.	28
M. 23 La Mi-Carême. ⊕	11	2	29
J. 24	12	3	30
V. 24 L'annoncia-	13	4	1 DULHEGG.
S. 26 tion.	14	5	2
D. 27 Judica.	15 Laetare.	6	3
L. 28	16	7	4
M. 29	17	8	5
M. 30 ☽	18 La Mi-	9	6
J. 31	19 Carême.	10	7

CALENDRIER

DE L'EMPIRE	JULIEN	FRANÇAIS	MAHOMET.
1 8 0 3.	1 8 0 3.	XI.	1 2 1 7.
A V R I L.	M A R S.	GERMINAL.	DULHEGOIA.
V. 1	20	11	8 Révélation
S. 2	21	12	9
D. 3 Les Rameaux	22 Judica	13	10 Pâques. Pe-
L. 4	23	14	11 tit Beiram
M. 5	24	15	12
M. 6	25	16	13) Jours
J. 7 Jeudi Saint ●	26	17	14) heu-
V. 8 Vendredi Saint	27	18	15) reux
S. 9	28	19	16
D. 10 Pâques	29 Les Ra-	20 Pâques	17
L. 11	30 meaux	21	18
M. 12	31	22	19
M. 13	1 AVRIL	23	20
J. 14	2 Jeudi Saint	24	21
V. 15 ☾	3 Vendredi S.	25	22
S. 16	4	26	23
D. 17 Quasimodog.	5 Pâques	27	24
L. 18	6	28	25
M. 19	7	29	26
M. 20	8	30	27
J. 21 ⊕	9	1 FLOREAL	28
V. 22	10	2	29
S. 23 S. Georges M.	11	3	1 MUHAR-
D. 24 Misericord.	12 Quasim.	4	2 RAM 1218
L. 25 S. Marc Evang.	13	5	3
M. 26	14	6	4
M. 27	15	7	5
J. 28 ☽	16	8	6
V. 29	17	9	7 Tsumeh ou
S. 30	18	10	8 (Dim. mah.

CALENDRIER

	DE L'EMPIRE 1803. MAI.	JULIEN 1803. AVRIL.	FRANÇAIS XI FLORÉAL.	MAHOMET. 1218. MUHARRAM.
D.	1 Jubilate	19 Miseric.	11	9 Ashur.
L.	2	20	12	10 Ashur.
M.	3 L'Invention de la	21	13	11
M.	4 ste Croix	22	14	12
J.	5	23	15	13) Jours
V.	6 ●	24	16	14) heu-
S.	7	25	17	15) reux.
D.	8 Cantate	26 Jubilate	18	16
L.	9	27	19	17
M.	10	28	20	18
M.	11	29	21	19
J.	12	30	22	20
V.	13	1 MAI	23	21
S.	14 ☾	2	24	22
D.	15 Rogate	3 Cantate	25	23
L.	16	4	26	24
M.	17	5	27	25
M.	18	6	28	26
J.	19 L'Ascension	7	29 L'As-	27
V.	20	8	30 cension	28
S.	21 ☺	9	1 PRAIRIAL	29
D.	22 Exaudi	10 Rogate	2	30
L.	23	11	3	1 SAPHAR
M.	24	12	4	2
M.	25 S. Urbain Ir.	13	5	3
J.	26 Pape.	14 L'Ascen.	6	4
V.	27	15 sion	7	5
S.	28 ☽	16	8	6
D.	29 Le Dimanche de la	17 Exaudi	9 Pentecô-	7
L.	30 Pentecoste	18	10 te	8
M.	31	19	11	9

CALENDRIER

DE L'EMPIRE 1803. JUIN.	JULIEN 1803. MAI.	FRANÇAIS XI. PRAIRIAL.	MAHOMET. 1218. SAPHAR.
M. 1 4 Tems	20	12	10
J. 2	21	13	11
V. 3	22	14	12
S. 4	23	15	13 Jours
D. 5 *La Trinité* ●	24 *Pentecôte*	16	14 heu-
L. 6	25	17	15 reux
M. 7	26	18	16
M. 8 S. Médard Evèque	27 4 Tems.	19	17
J. 9 Fête-Dieu	28	20 Fête-Dieu	18
V. 10	29	21	19
S. 11	30	22	20
D. 12 *Dim.* 1. apr. la ☽	31 *La Trinité*	23	21
L. 13 Trinité	1 *JUIN*	24	22
M. 14	2	25	23
M. 15 S. Vit, Martyr	3	26	24
J. 16	4 Fête-Dieu	27	25
V. 17	5	28	26
S. 18	6	29	27
D. 19 *Dim.* 2. apr. la ✪	7 apr. la Tri-	30	28
L. 20 Trinité	8 nité 1.	1 *MESSIDOR*	29
M. 21	9	2	1 *RABIA I.*
M. 22 *L'Eté*	10	3	2
J. 23	11	4	3
V. 24 La Nativité de	12	5	4
S. 25 S. Jean-Baptiste.	13	6	5
D. 26 *Dim.* 3. apr. la	14 apr. la	7	6
L. 27 ☾ Trinité	15 *Trinité* 2.	8	7
M. 28	16	9	8
M. 29 S. Pierre et S. Paul	17	10 S. Pierre	9
J. 30	18	11 S. Paul	10

CALENDRIER

DE L'EMPIRE.	JULIEN.	FRANÇAIS	MAHOMET.
1 8 0 3.	1 8 0 3.	XI.	1 2 1 8.
JUILLET.	JUIN.	MESSIDOR.	I RABIA.
V. 1	19	12	11
S. 2 La Vis. d. l. Vierge	20	13	12 la Ntivité d. Mahom.
D. 3 Dim. 4. apr. la	21 apr. la	14	13 Jours
L. 4 ● Trin.	22 Trinité 3	15	14 heu-
M. 5	23	16	15 reux
M. 6	24 S. Iean-	17	16
J. 7	25 Bapt.	18	17
V. 8	26	19	18
S. 9	27	20	19
D. 10 Dim. 5. apr. la	28 apr. la	21	20
L. 11 ☾ Trin.	29 Trinité 4	22	21
M. 12	30	23	22
M. 13 Ste Marguerite	1 JUILLET.	24	23
J. 14	2	25 Annivers.	24
V. 15 Division des	3	26 du 14 Juil.	25
S. 16 Apôtres.	4	27	26
D. 17 Dim. 6. apr. la	5 apr. la	28	27
L. 18 ⊕ Trin.	6 Trinité 6	29	28
M. 19	7	30	29
M. 20	8	1 THERMID.	30
J. 21	9	2	1 RABIA II
V. 22 Marie Madel.	10	3	2
S. 23 La Canicule com.	11	4	3
D. 24 Dim. 7. apr. la T.	12 apr. la	5	4
L. 25 S. Iacques le Maj.	13 Trinité 6	6	5
M. 26 Ste Anne ☽	14	7	6
M. 27	15	8	7
J. 28	16	9	8
V. 29	17	10	9
S. 30	18	11	10
31 Dim. 8 apr. la Tr.	19 apr. l. T. 7	12	11

CALENDRIER

	DE L'EMPIRE 1803. *Aout.*	JULIEN 1803. *Juillet.*	FRANÇAIS XI. *Thermidor.*	MAHOMET. 1218. *I Rabia.*
L.	1 *S. Pierre aux liens*	20	13	12
M.	2	21	14	13) Jours
M.	3 ●	22	15	14) heu-
I.	4	23	16	15) reux
V.	5	24	17	16
S.	6	25	18	17
D.	7 *Dim.* 9. apr. la	26 *apr. la*	19	18
L.	8 Trin.	27 *Trinité* 8.	20	19
M.	9 ☾	28	21	20
M.	10 S. Laurent M.	29	22	21
J.	11	30	23	22
V.	12	31	24	23
S.	13	1 *Aout*	25	24
D.	14 *Dim.* 10 apr. la T.	2 *apr. la*	26	25
L.	15 Assomption de la	3 *Trinité* 9	27 *l'Assomp.*	26
M.	16 Vierge	4	28 S. Napo-	27
M.	17 ⊗	5	29 léon.	28
J.	18	6	30	29
V.	19	7	1 *Fructidor.*	1 *Jomada I*
S.	20	8	2	2
D.	21 *Dim.* 11 apr. la	9 *apr. la*	3	3
L.	22 Trin.	10 *Trinité* 10.	4	4
M.	23	11	5	5
M.	24 S. Barthél. Apo.	12	6	6
J.	25 ☽ La Canicule	13	7	7
V.	26 Finit.	14	8	8
S.	27	15	9	9
D.	28 *Dim.* 12 apr. la T.	16 *apr. la*	10	10
L.	29 Decoll. do s	17 *Trinité* 11.	11	11
M.	30 Jean-Bapt.	18	12	12
M.	31	19	13	13 Jours

CALENDRIER

DE L'EMPIRE,	JULIEN	FRANÇAIS	MAHOMET.
1 8 0 3.	1 8 0 3.	XI.	1 2 1 8.
SEPTEMBRE.	*A o u t.*	*FRUCTIDOR.*	I *JOMADA.*

J. 1 S. Gilles. ●	20	14	14) heu-
V. 2	21	15	15) reux.
S. 3	22	16	16
D. 4 *Dim.* 13. apr. la	23 *apr. la*	17	17
L. 5 Trin.	24 *Trinité* 12.	18	18
M. 6	25	19	19
M. 7	26	20	20 Conquête
J. 8 La Nativité ☾	27	21	21 de Con-
V. 9 de la Vierge.	28	22	22 stantino-
S. 10	29	23	23 ple.
D. 11 *Dim.* 14 apr. la	30 *apr. la*	24	24
L. 12 Trin.	31 *Trinité* 13.	25	25
M. 13	1 *SEPTEMB.*	26	26
M. 14 L'Exaltat. de la	2	27	27
J. 15 ste Croix.	3	28	28
V. 16 ◐	4	29	29
S. 17	5	30	30
D. 18. *Dim.* 15 apr. la	6 *apr. la*	I. ⎫ Jours	1 *JOMADA* II.
L. 19 Trin.	7 *Trinit.* 14.	II. ⎪ com-	2
M. 20	8	III. ⎪ plé-	3
M. 21 4 Tems.	9	IV. ⎬ men-	4
J. 22	10	V. ⎪ tai-	5
V. 23	11	VI. ⎭ res.	6
S. 24 L' *Automne.* ☽	12	1 *VENDÉMI.*	7
D. 25 *Dim.* 16 apr. la	13 *apr. la*	2 (*AIRE* XII.	8
L. 26 Trin.	14 *Trinité* 15.	3 (Annivers.	9
M. 27	15	4 (de la f.	10
M. 28	16 4 Tems.	5 (fondat. de	11
J. 29 s. Michel Arch.	17	6 (la Repu-	12
V. 30	18	7 (blique.	13 Jours

CALENDRIER

DE L'EMPIRE.	JULIEN	FRANÇAIS	MAHOMÉT.
1803.	1803.	XII.	1218.
OCTOBRE.	SEPTEMBRE.	VENDÉM.	JOMADA II.
S. 1	19	8	14) heu-
D. 2 *Dim.* 17 apr. la	20 *apr. la*	9	15) reux.
L. 3 Trin.	21 *Trinité* 16.	10	16
M. 4 S. Franç. d'Assise.	22	11	17
M. 5	23	12	18
J. 6	24	13	19
V. 7 ☾	25	14	20
S. 8	26	15	21
D. 9 *Dim.* 18 apr. la	27 *apr. la*	16 S. Denis.	22
L. 10 Trin. S. Denis.	28 *Trinité* 17.	17	23
M. 11	29 S. Micha-	18	24
M. 12	30 el Arch.	19	25
J. 13	1 *OCTOBRE.*	20	26
V. 14	2	21	27
S. 15 ✸	3	22	28
D. 16 *Dim.* 19 apr. la	4 *apr. la*	23	29
L. 17 Trin. S. Gal Abbé.	5 *Trinité* 18.	24	1 *RAAIAB.*
M. 18 s. Luc Evang.	6	25	2
M. 19	7	26	3
J. 20	8	27	4
V. 21	9	28	5
S. 22	10	29	6
D. 23 *Dim.* 20 apr. la	11 *apr. la*	30	7
L. 24 Trin. Reform. ☽	12 *Trinité* 19.	1 *BRUMAIRE*	8
M. 25	13	2	9
M. 26	14	3	10
J. 27	15	4	11
V. 28 S. Simon, Jude,	16	5	12
S. 29 Ap.	17	6	13) Jours
D. 30 *Dim.* 21 apr. ●	18 *apr. la*	7	14) heu-
L. 31 la Trin.	19 *Trinité* 20.	8	15) reux. Jour

CALENDRIER

DE L'EMPIRE. 1803. NOVEMBRE.	JULIEN 1803. OCTOBRE.	FRANÇAIS XII. BRUMAIRE.	MAHOMET. 1218. RAAJAB.
M. 1 *La Toussaint.*	20	9 *La Tous-*	16 triom-
M. 2 Les Morts.	21	10 *saint.*	17 phal.
J. 3	22	11	18
V. 4	23	12	19
S. 5	24	13	20
D. 6 *Dim.* 22 apr. ☾	25 *apr. la*	14	21
L. 7 la Trin.	26 *Trinité* 21.	15	22
M. 8	27	16	23
M. 9	28	17	24
J. 10 Martin Luthèr.	29	18	25
V. 11 S. Martin Evêque.	30	19	26
S. 12	31	20	27 L'Exalta-
D. 13 *Dim.* 23 apr. la	1 *NOVEMBRE.*	21	28 (tion de
L. 14 ☉ Trin.	2 *apr. la*	22 *Dédica-*	29 (Mahom.
M. 15 -	3 *Trinité* 22.	23 *ce.*	30
M. 16	4	24	1 *SCHAABAN.*
J. 17	5	25	2
V. 18	6	26	3
S. 19 S. Elifabeth V.	7	27	4
D. 20 *Dim.* 24 apr. la T.	8 *apr. la*	28	5
L. 21 La Préfent. de la	9 *Trinité* 23.	29	6
M. 22 ☽ Vierge.	10 Martin	30	7
M. 23	11 Luther.	1 *FRIMAIRE.*	8
J. 24	12	2	9
V. 25 S. Cathaiine V.	13	3	10
S. 26 et M.	14	4	11
D. 27 1 *Dim.* de l'Avent.	15 *apr. la*	5	12
L. 28 ●	16 *Trinité* 24.	6	13) Jours
M. 29	17	7	14) heureux,
M. 30 S. André Ap.	18	8	15) Barah.

CALENDRIER

DE L'EMPIRE. 1803. DÉCEMBRE.	JULIEN. 1803. NOVEMBRE.	FRANÇAIS XII. FRIMAIRE.	MAHOMET. 1218. SCHAABAN.
J. 1	19	9	16 (Nuit.
V. 2	20	10	17
S. 3	21	11	18
D. 4 2. *Dim.* de l'Avent.	22 *apr. la*	12	19
L. 5	23 *Trinité* 25.	13	20
M. 6 S. Nicolas ☾	24	14	21
M. 7 Evéque.	25	15	22
J. 8 **La** Conception.	26	16	23
V. 9	27	17	24
S. 10	28	18	25
D. 11 3. *Dim.* de l'A-	29 *Avent* 1.	19	26
L. 12 vent.	30	20	27
M. 13 S. Luce V. et M.	1 *DÉCEMBRE.*	21	28
M. 14 4 Tems. ☻	2	22	29
J. 15	3	23	1 *RAMADAN.*
V. 16	4	24	2 Mois de
S. 17	5	25	3 Carême.
D. 18 4. *Dim.* de l'A-	6 *Avent* 2.	26	4
L. 19 vent.	7	27	5
M. 20	8	28	6
M. 21 ☽	9	29	7
J. 22 *Hiver.*	10	30	8
V. 23	11	1 *NIVÔSE.*	9
S. 24	12	2	10
D. 25 *Noël.*	13 *Avent* 3.	3 *Noël.*	11
L. 26 S. Etienne 1r. M.	14	4	12
M. 27 S. Jean l'Evang.	15	5	13) Tours
M. 28 ●	16 4 Tems.	6	14) heu-
J. 29	17	7	15) reux
V. 30	18	8	16
S. 31 S. Sylvestre, P.	19	9	17

LISTE.

Acre. *(St. Jean d')*

UTRICHE. Mr. *Joseph Antonucci*, Vice-Consul.

R. FRANÇAISE. Cit. *Pillavoine*, Commissaire des relations commerciales.

Afrique.

voyez Alexandrie d'Egypte, Alger, Canaries, Cap, Fayal, Isle-de-France, Madère, Maroc, Salé, Tanger, Tripoly de Barbarie, Tunis.

Agosta *en Sicile.*

AUTRICHE. Mr. *François Rossini - Bellomo*, Vice-Consul.

2

l'Aigle, *Dép. de l'Orne.*

AUTRICHE. Mr. *P. Moulina,* Vice - Consul.

Aix *la chapelle.*

AUGSBOURG. Mr. *Loder,* Résident.

Alep.

AUTRICHE. Mr. *Picciotto,* Agent.

R. BATAVE. Cit. *Nicolas van Mazeyk,* Consul.

R. FRANÇAISE. Cit. *Corancez,* Commissaire-général des relat. commerc.

GR. BRETAGNE. Mr. *Charles Smith,* Consul.

PRUSSE. Mr. *Moïse Picciotto,* Consul.

Alexandrie *d'Egypte.*

AUTRICHE. Mr. *Jean-François Agostini,* Vice - Consul.

R. FRANÇAISE. Cit. *Drevetti,* Sous - Commissaire des rel. c.

GR. BRETAGNE. Mr. *George Baldwine,* Consul.

PRUSSE. Mr. *de Rosetti,* Consul.

Algari en Sardaigne.

AUTRICHE. Mr. *Christophe* noble *d'Alessio*, Consul

ESPAGNE. Mr. *Jean-César Baille*, Consul.

Algèr.

AMÉRIQUE. Mr. *Richard O'Brien*, Consul-gé-
(Etats-unis.)
néral.

AUTRICHE. Mr. *François Fraisinnet*, Agent.

R. BATAVE. Mr. *M. A. Fraisinnet*, Consul.
(10,500 Fl. d'appointemens.)

DANEMARK. Mr. *Gérard-Sievers Bille*, Capitaine, Consul.

Mr. *Pierre-Chrétien-Erasme Areboe*, Secrétaire du Consulat.

R. FRANÇAISE. Cit. *Charles-François Dubois-
Thainville*, Chargé d'affaires et Commissaire-général des relat. commerc.

Mr. *Sielve*, Chancelier.

Mr. *Jaubert*, Interprète.

GRANDE-BRETAGNE. Mr. *J. C. Falcon*, Con-
sul-gén. et Agent.

SUEDE. Mr. Jean Norderling, Agent de commerce.

Mr. David-Georges Ankarloo, lieutenant, Secrétaire.

Alicante.

AMÉRIQUE. Mr. Robert Montgomery, Consul.

AUTRICHE. Mr. le baron d'Arabet, Consul-général.

R. BATAVE. Mr. Lorent Somps, Consul.

DANEMARK. Mr. Caspar Welther, Consul.

Mr. Daniel Tholerus, Consul.

R. FRANÇAISE. Cit. Angelucci, Commissaire d. rel. c.

GR. BRETAGNE. Mr. Daniel Budd, Consul.

PORTUGAL. Mr. Jean Comin, Consul-général pour toute la VALENCE.

PRUSSE. Mr. Jean Longden, conseiller de commerce, Consul.

SARDAIGNE. Mr. Antoine, Consul.

SICILE. Mr. Ignace Varela, Consul.

SUEDE. Mr. *Thomas - Pierre Arabet*, Agent de commerce et de marine, nommé en Juin 1802.

R. RAGUSE. Mr. *Georges Costa*, Consul.

Altona.

AUTRICHE. Mr. *Jean - Frédéric Belrens*, Consul.

Amérique.

voy. Baltimore, Boston, Cayenne, Charlestown, Cuba, Curaçao, Demérary, Georgestown, Guadeloupe, New-York, New-Orléans, Newport, Norfolk, S. Barthélemy, S. Domingue, Savannah, Philadelphie, Washington, Wilmington.

Amsterdam.

AMERIQUE. Mr. *Sylvain Bourne*, Consul-général.

ARCHICHANC. Mr. *Pierre Ebeling*, Résident.

AUTRICHE. Mr. *Fel. de Carli*, Consul-général.

DANEMARK. Mr. *Antoine - Jacques Dull*, Consul.

Mr. *de Senosiain*, Vice-Consul.

ESPAGNE. Don *Blas de Mendezabel*, Consul-général, 1802.

R. FRANÇAISE. Cit. *Coquebert-Montbret*, Commissaire des rel. commerc. (à Londres.)

Cit. *Gohier*, Commissaire-général, 1802.

HANOVRE. Mr. *Jean-Georges Matthes*, Agent.

R. ITALIENNE. Cit. *van Driel*, Consul-général, 1802.

PORTUGAL. Don *de Campos-Silva*, Consul-général, 1802.

Cit. *Jean Gildemeester*, Consul et Agent.

PRUSSE. Mr. *J. L. Gregory*, conseiller-privé de commerce, Consul.

SARDAIGNE. Mr. *Ambrogio*, Consul-général.

SUEDE. Mr. le chevalier C. *A. Hasselgren*, Agent-général.

Ancone.

AUTRICHE. Mr. *Antoine Cavallar*, Consul; de même à Macerate, Recanati, Fermo et Civita-nuova.

DANEMARK. Mr. *Léonard Hofmeister*, Consul.

ESPAGNE. Don *Andrea-Angeli Radovanni*, Consul.

R. FRANÇAISE. Cit. *Meuron*, Commissaire, nommé en Mai 1801.

Andrinople.

PRUSSE. Mr. *Maynard*, Agent.

Anvers.

AMÉRIQUE. Mr. *Jaques Blake*, Agent de commerce.

DANEMARK. Mr. *Guillaume-Gordon Coeswelt*, Commissaire de comm.

ESPAGNE. Mr. *Joseph de Hugo*, Consul.

SUÈDE. Mr. *H. Drahelén*, Consul-général.

Archangel.

R. BATAVE. Cit. *A. Menschendyk*, Consul.

DANEMARK. Mr. *Chrétien Brust*, Consul.
Mr. *A. C. Becker*, Agent.

HAMBOURG. Mr. *Guillaume Brandt*, Consul, nommé 25 Oct. 1802.

PORTUGAL. Mr. *Salomon van Brienen*, Consul.

PRUSSE. Mr. *van Brienen*, Consul.

SUEDE. Mr. *Alexandre-Chrétien Becker*, Agent.

Argèles, Dép. des hautes Pyrenées.

ESPAGNE. Don *José-Paquin de Cerain*, Vice-Consul.

Aschaffenbourg.

AUTRICHE. Mr. le comte *Joseph de Schlick*, Ministre plénipotent. (absent)

HANOVRE. Mr. *Joachim de Schwarzkopf*, secrétaire-privé de chancellerie, Résident près les cercles du Haut-et Bas-Rhin. (à Francfort.)

ROME. Mr. *Genga*, Nonce apostolique (absent.)

Mr. le comte *de Troni*, Auditeur-général de la nonciature.

Asie.

voyez: Acre, Alep, Baruth, Bassora, Batavie, Bengâle, Bombaim, Calicut, Chanton, Chypres, Jaffa, Lattaquie, Malabar, Mascate, Perse, Sebastopol, Sinope, Smirne, Trébisonde, Tripoly de Syrie.

Athènes.

R. FRANÇAISE. Cit. *Fauvel*, Sous-commissaire des rel. comm.

PRUSSE. Mr. *Dauphin*, Consul.

Augsbourg.

BAVIÈRE. Mr. *Charles Purkart*, conseiller de légation, Résident.

HANOVRE. Mr. Jean - Frédéric Gullmann, Agent.

Mr. Henri-Rémi Gullmann, Adjoint.

SAXE-WEIMAR. Mr. Jean Gullmann, conseiller de commission, Agent.

Baltimore. (Maryland)

PRUSSE. Mr. Schulz, Consul.

Barcelonne.

AMERIQUE. Mr. Guillaume Willis, Consul.

AUTRICHE. Mr. Joseph Sauri e Tria, Consul.

R. BATAVE. Cit. Jean - Baptiste Cabanyes, Consul.

Mr. Jean Artis, Vice-Consul.

DANEMARK. Mr. Jean de Larrard, Consul.

Mr. Lorent Lippe, Vice-Consul.

Mr. Frédéric de Larrard, Adjoint.

R. FRANÇAISE. Cit. Viot, Commissaire des r. commerc. 1802.

Mr. Jean-Baptiste Molin, Sous-Commissaire-Chancelier.

GR. BRETAGNE. Mr. *Guillaume Gregory*, Consul.

R. LIGURIENNE. Don *Matteo Chiozza*, Consul.

PORTUGAL. Don *Jayme Romanya*, Consulgénéral pour les ports de la *Catalogne.*

PRUSSE. Mr. *Paul Molins*, Consul pour la Catalogne.

Mr. *Joseph Molins*, Vice-Consul.

R. RAGUSE. Don *Ignacio Villavechia*, Consul.

Don *Domingo Boti*, Vice-Consul.

ROME. Don *Francisco Ponte*, Consul.

Don *Vincent Stagno*, Vice-Consul.

SARDAIGNE. Don *Antonio Bresiano*, Consul.

SICILE. Don *Juan-Antonio Bombelli*, Consul.

Don *Salvador Jover*, Vice-Consul.

SUEDE. Mr. *Guillaume Almgrén*, Agent de commerce.

Barletta, Roy. de Naples.

AUTRICHE. Mr. *Vincent Passaretti*, Vice-Consul.

Baruth en Syrie.

PRUSSE. Mr. *Picciotto*, Vice-Consul pour *Saïde* et *Baruth*.

Bas-Rhin. (Cercle du)

cf. Cassel, Francfort.

Basse-Saxe. (Cercle de)

cf. Hambourg.

HANOVRE. Mr. *François-Louis-Guillaume de Reden*, conseiller-privé de guerre, Envoyé directorial. (à Berlin.)

Mr. *Jean-Charles-Chrétien Wackerhagen*, Secrétaire-privé de chancellerie, Chargé d'affaires.

Mr. *Jean-Jaques-Louis Stünkel*, Commis au bureau de légation.

Bassore.

R. FRANÇAISE. Cit. *Rousseau*, Commissaire des rel. comm.

Bastia.

DANEMARK. Don *Maximil. de Angelis*, Commissaire des relat. comm. pour la *Corse*, nommé en Déc. 1800.

ESPAGNE. Mr. le comte *de Cardi*, Conful.

Batavie.

DANEMARK. Mr. *H. P. Hansen*, Consul, nommé en 1800.

Bayonne.

AUTRICHE. Mr. *Guill. Reyer*, Consul.

DANEMARK. Mr. *Guill. Henri Ide*, Commissaire des rel. c.

ESPAGNE. Don *Juan Cataneo*, Commissaire des rél. c.

PORTUGAL. Don *Domingos Dubrocq*, Consul-général.

PRUSSE. Mr. *Bardewisch*, Agent de commerce.

SUEDE. Mr. *Holsch*, Agent de commerce.

Belém, en Estremadura.

AMERIQUE. Don *Bonaventura-José Moreira,* Vice-Consul.

Belfaste.

AMERIQUE. Mr. *Jaques Holmes,* Consul.

Bengale.

AUTRICHE. Mr. *Jean Peterson,* Consul-général.

Benicarló, en Valence.

DANEMARK. Mr. *Joseph Withe,* Vice-Consul, voyez: Vinaroz.

Berghen en Norvège.

VILLES ANSEAT. Mr. *Chrétien-Joachim Molir,* maître de la maison anséatique. (hanseatischer Hausherr).

R. BATAVE. Cit. *Henri-Jean Fasmer,* Consul.

R. FRANÇ. Cit. *Pierre Framery*, Commissaire des rel. comm.

Cit. *Louis Colaud*, Sous-Commissaire.

Berlin.

ARCHICHANCELIER. Mr. le comte *de Hatz-feld*, Envoyé, 19. Août 1802.

AUTRICHE. Mr. le comte *Clément de Metter-nich-Winneburg et Beilstein*, Ministre plénipotentiaire, 1803. (Ci-devant à *Dresde*, depuis 1801.)

Mr. le baron *François de Binder*, l'aîné, Secrétaire de légation et Chargé d'affaires par intérim, en Janv. 1803.

BADE. Mr. *Faudel*, conseiller-privé des finances, Résident.

R. BATAVE. Cit. *Charles-Gérard Hultmann*, secrétaire-général près le gouvern. d'é-tat, Envoyé extraord. et Ministre plé-nipot. 28. Sept. 1802. (12,900 Fl. d'appointemens.)

Cit. *Bourdeaux*, Chargé d'affaires.

BAVIERE. Mr. le chevalier *de Bray*, Envoyé,
　　29 Sept. 1801.
　　　　Mr. le baron *Willibald de Rechberg*,
　　Secrét. de légation.
　　　　Mr. *Tob. Faudel*, Résident.

BREME. Mr. *Jaques Wever*, conseiller de
　　cour, Agent.

BRONSVIC. Mr. *de Sartoris*, Résident, 1802.

DANEMARK. Mr. le comte *Charles de Bau-
　　dissin*, chambellan et major-général,
　　Envoyé extraord. 28. Mars 1801.
　　　　Mr. *Jean-Georges Rist*, Secrét. de lé-
　　gation. (désigné pour Madrid)

ESPAGNE. Don *Gonzalo O'Farill*, Envoyé ex-
　　traord. et Ministre plénipotent.
　　　　Mr. le comte *Casa-Valencia*, Secrét.
　　de légation et Chargé d'affaires. (comme
　　aussi de la part de l'Etrurie)
　　　　Mr. le comte *de Hervas*, Chevalier
　　d'honneur.

R. FRANÇAISE. Cit. *Louis-Guillaume Otto*, En-
　　voyé désigné. extr. et Min. plénip.

Cit. *Bignon*, Chargé d'affaires.

Cit. *Vandeuil*, Sécrét. de légation. (désigné pour Madrid.)

GR. BRETAGNE. Sir *Francis-James Jackson*, Envoyé extraord. et Ministre plénipot. 23 Nov. 1802.

Mr. *Rolleston*, Secrét. de légation.

Mr. *Jackson*, Attaché à la mission.

Mr. *Steevens*, Attaché à la mission.

HAMBOURG. Mr. le Docteur *Misler*, Agent.

HANOVRE. Mr. *François-Louis-Guillaume de Reden*, conseiller-privé de guerre, Envoyé extraord. et Ministre plénipot. 18. Juin 1800.

Mr. *Georges-Albert de Hugo*, secrétaire-privé de chancellerie et Secrétaire de légation.

HESSE-CASSEL. Mr. *de Veltheim*, conseiller-privé d'état et grandmaréchal de la cour, Ministre extraord. et plénipot.

Mr. *Faudel*, conseiller-privé, Résident.

HESSE-DARMST. Mr. *Frédéric-Auguste Lichten-*

2*

berg, conseiller-privé de légation, Ministre-Résident.

HESSE-HOMB. Mr. *Woltmann*, Résident.

R. ITALIENNE.

R. LIGURIENNE.

LUBEC. Mr. *Jaques Wever*, Agent.

MECKLENB. SCHWER. Mr. le chevalier *Auguste de Lutzow*, grandmaître de la
cour, Envoyé extraordinaire.
Mr. *Marc Marcuse*, Agent.

NASSAU-ORANGE. Mr. *de Stamford*, major-
général, Ministre.

ORDRE TEUT.

PORTE-OTTOM. Mr. *Capri*, Dragoman et
actuellement Chargé d'affaires.

PORTUGAL. Don *Fernando Correa, Henriquez
de Noronha*, chevalier, Envoyé extraord. et Ministre plénipotent. 1801.
Don *Pinheiro*, Chargé d'affaires.
Don *Roversi*, Vice-Consul.

RUSSIE. Mr. *d'Alopeus*, conseiller-privé, Envoyé extraord. et Ministre plénipotent. 26. Août 1802.

Mr. le comte *de Nesselrode*, chambellan actuel.

Mr. *de Yakovleff*, conseiller d'état.

Mr. *de Maltzow.*

Mr. *Laschkarew.*

Mr. le baron *de Krüdener.*

SARDAIGNE. Mr. le comte *Castel-al-Fieri*, Envoyé extraord. et Min. plénipot. 19. Juillet 1802. (Il a résigné.)

Mr. l'Abbé *Pansoja*, Chargé d'affaires.

SAXE-ELECT. Mr. le comte *Charles-Henri-Jean-Guillaume de Schlitz*, dit *Görz*, chambellan, Envoyé extraord. 17. Février 1802.

Mr. *Georges-Adolphe-Guillaume Helbig*, Secrét. de légation.

SICILE.

SUEDE. Mr. le baron *Lars d'Engestrœm*, chancelier de la cour et chevalier, Ministre plénipotentiaire.

Mr. *Gustave de Brinkmann,* Secrétaire de légation. (Commissions-Secreteïare)

WIRTEMBERG. Mr. le baron *de Seckendorf,* Envoyé désigné 1803.

Berne.

AUTRICHE. Mr. le baron *Henri de Crumpipen,* Envoyé extr. et Min. plénip. 1802. (absent)

ESPAGNE. Mr. le chevalier *de Camaano,* Ministre plenipot. 1. Sept. 1802.

Mr. *Joseph-Lopez de la Torre-Ayllon,* Secrét. de légation.

R. FRANÇAISE. Cit. *Ney,* général de division, Ministre plénipot. en Octobre 1802.

Cit. *Gandolphe,* Secrét. de légation.

Cit. *Rouyer,* Commissaire de légation.

HESSE-CASSEL. Mr. *Paul-Henri Mallet,* Résident.

R. ITALIENNE. Cit. *Venturi,* Ministre plénipotentiaire.

PRUSSE.

ROME. Mr. *Testaferrato,* Nonce apostolique.

Bilbao.

R. FRANÇAISE. Cit. *Harriet*, Agent.

Bombaim.

PORTUGAL. Don *Francesco Gomes Loureiro*, Consul-général pour les côtes et ports de *Malabar*, de *Sourate* à *l'Angedive*.

Bordeaux.

AMERIQUE. Mr. *Guillaume Lee*, Agent de commerce.

AUTRICHE. Mr. *P. H. de Bethmann*, Consul.

R. BATAVE. Cit. *Lubbert*, Commissaire-général des rel. comm.

Cit. *van der Kun*, Commissaire.

DANEMARK. Mr. *J. Juste de Hemmert*, Commissaire des r. c.

Mr. *J. de Hemmert*, Adjoint.

ESPAGNE. Mr. *Huguet Pedesclaux*, Commissaire.

HAMBOURG. Mr. *Daniel C. Meyer*, Commissaire-général.

R. HELVETIQUE. Cit. *Galley*, Commissaire.

LUBEC. Mr. *Christophe-Meinard Weltner*, Commissaire.

PRUSSE. Mr. *Wüstenberg*, Agent de commerce.

Mr. *Hesse*, Agent de commerce.

RUSSIE. Mr. *Witfoth*, conseiller de cour, Agent de commerce.

SUEDE. Mr. *H. Harmensen*, Agent de commerce.

WIRTEMBERG. Mr. *I. F. Senger*, Agent.

Boston. (Massachusets)

R. FRANÇAISE. Cit. *Girault*, Commissaire des r. c.

GR. BRETAGNE. Mr. *Thomas M Donough*, Consul près les états de *New-Hampshire, Massachusets, Rhode-Isle* et *Connecticut.*

SUEDE. Mr. *Richard Söderström*, Agent de commerce.

Botzen.

AUGSBOURG. Mr. *Jean-Pierre Ayrl*, Agent.

Boucarest.

R. FRANÇAISE. Cit. *Flury*, Sous-Commissaire des rel. comm.

RUSSIE. Mr. *de Kiriko*, conseiller de cour, Consul.

Boulogne.

R. BATAVE. Cit. *Audibert*, Commissaire des r. c.

Bourgneuf. Loire, inf.

DANEMARK. Mr. *J. Guill. Garbers*, Sous-Commissaire des r. c. (de même pour les Isles de *Bouin*, *Noirmoutiers* et *St. Gilles*.)

Brème.

AMÉRIQUE. Mr. *Fréderic-Jaques Wichelhausen*, Consul.

AUTRICHE. Mr. le baron *Th. J. de Vrinz à Treuenfeld*, Résident.
Mr. *Cassel*, Consul.

R. BATAVE. Mr. *Henri Duntze*, Agent.

DANEMARK. Mr. *Arnould Kulenkamp*, Cons.
Mr. *D. C. Lappenberg*, Agent.

ESPAGNE. Mr. *Godefroi - Joachim - Fréderic
Ettler*, Vice-Consul.

R. FRANÇAISE. Mr. *François Buhl*, Vice-
Commissaire des relat. commerc.

GR. BRETAGNE. Mr. *Armand Heymann*, Vice-
Consul, nommé en Mai 1800.

HANOVRE. Mr. *Charles-Louis Brauer*, Agent.

HESSE-CASS. Mr. *Barthélemi Grovermann*, Agent.

MECKLENB-SCHWER. Mr. *Albert Théophile
Eckenberger*, Agent.

PRUSSE. Mr. *Rump*, Consul.
Mr. *Fréderic Delius*, Vice-Consul, en
Mars 1802.

Brest.

R. BATAVE. Cit. *Brunot*, Commissaire des
relat. commerc.

Bristol.

AMERIQUE. Mr. *Elias van der Horst*, Consul.

R. FRANÇAISE. Cit. *Parseval - Grandmaison*, Sous-Commissaire.

Bronsvic.

PRUSSE Mr. le comte *de Lütticliau*, Ministre plénipotent. près tous les Princes du Cercle de la Basse Saxe.

Cadix.

AMERIQUE. Mr. *Joseph Yznardi*, Consul.

AUTRICHE. Mr. *C. P. Greppi*, Consul-général.

R. BATAVE. Mr. *I. Lobé*, Consul.

DANEMARK. Mr. *Guillaume Bokelmann*, Consul pour l'*Andalousie*, nommé en Juin 1802.

R. FRANÇAISE. Cit. *Millec*, Chargé d'affaires.

Cit. *le Roy*, Commissaire-général pour l'*Andalousie*.

Cit. *Matthieu Lesseps*, Sous-Commissaire-Chancelier.

GR. BRETAGNE. Mr. *Jaques Duff*, Consul.

HANSE TEUTON. Mr. *Jean-Auguste Riess*, Consul.

PORTUGAL. Don *Henriquez Ribeiro Neves*, Consul-général.

PRUSSE. Mr. *Sylingk*, Consul.

RUSSIE. Mr. *de Tunckel*, conseiller d'état, Consul-général.

SUEDE. Mr. *Galm*, conseiller de chancellerie, Agent de commerce.

Cagliari (et *Sardaigne généralement*)

AUTRICHE. Mr. *Baille*, Consul-général.
     Mr. *Cesaroni*, Consul.

R. BATAVE. Mr. *F. Navoni*, Consul.

DANEMARK. Mr. *François Navoni*, Consul.

ESPAGNE. Mr. le comte *de Cordi*, Commissaire des relat. c.

GR. BRETAGNE. Mr. *Michel Ghillini*, Consul.

PRUSSE. Mr. le baron *François de Chambrier d'Oleyres*, chambellan, Envoyé extraord. (absent)

RUSSIE. Mr. de *Gagarin*, Major-général, Envoyé extraordinaire et Ministre plénipotentiaire.

Mr. *de Karpow*, conseiller détat.

Mr. de *Sahkoffsky*, Sous-secrétaire.

Mr. le comte *de Bahttain*, Sous-secrétaire.

Mr. *de Pini*, Sous-secrétaire.

SUEDE. Mr. *Chr. Wesslo*, Agent de commerce.

Mr. *Funck*, Agent-intérimaire de commerce.

Calais.

AMERIQUE. Mr. *Appleton*, Agent de commerce.

AUTRICHE. Mr. *P. de l'Epinoy*, Commissaire.

R. BATAVE. Cit. *Nieuwinkel*, Commissaire.

GR. BRETAGNE. Mr. *T. Mantel*, Agent pour le paquebot.

PRUSSE. Mr. *Derheims*, Agent de commerce.

SUEDE. Mr. *Neukammer*, Agent de commerce.

Calicut.

AMERIQUE. Mr. *Jaques Lewis*, Consul.

Isles Canaries.

AMERIQUE. Mr. *John Culman*, Consul.

R. BATAVE. Cit. *P. Beets*, Consul.

R. FRANÇAISE. Cit. *Broussouet*, Commissaire, 1800.

GR. BRETAGNE. Mr. *P. Faveres*, Consul.

la Canée. *(Isle Candie)*

R. FRANÇAISE. Cit. *Roussel*, Commissaire des rel. comm.

Cit. *Froment-Champ-la-Garde*, Sous-Commissaire.

PRUSSE. Mr. *Baleste*, Consul.

Cap de-bonne-Espérance.

AMERIQUE. Mr. *Jean Elmislie*, le jeune, Consul.

DANEMARK. Mr. *Henri Dewet*, Consul, nommé 22 Janv. 1800.

R. FRANÇAISE. Cit. *Broussonnet*, Commissaire des rel. c.

PORTUGAL. Don *Zimberto Amsinck*, Consul.

Carlscrona.

PRUSSE. Mr. *Kellner*, Consul-général, en Mars 1802.

Carlsruhe.

BAVIERE. Mr. le baron *Joseph Reibold*, Envoyé désigné.

R. FRANÇAISE.   Ministre plénipot.

Cit. *Massias*, Chargé d'affaires prés le cércle de Souabe.

Carthagène.

AUTRICHE. Mr. *Jean-Joseph Fardet*, Vice-Consul.

DANEMARK. Mr. *Fréderic Bourbon*, Consul.

R. FRANÇAISE. Cit. *Cailhasson*, Commissaire.

GR. BRETAGNE. Mr. *Patrick Wilkie*, Consul.

PORTUGAL. Don *Juan-Luiz Auran*, Consul-général en *Murcie*.

Cassel.

AUTRICHE. Mr. le comte *de Schlick*, Ministre plénip.

R. BATAVE. Cit. *C. A. Raet van Bogelscamp*, Ministre plénip. (8000 Fl. d'appointem.) Cit. *A. van Raet*, Secrétaire de légation.

R. FRANÇAISE. Cit. *L. M. Rivals*, Ministre plénipotent. en Mars 1796.
Cit. *Sérurier*, Secrét. de légation.

GR. BRETAGNE. Sir *Brook Taylor*, Ministre plénip. près le cercle du bas-Rhin.

PRUSSE. Mr. le comte *Guillaume-Louis-Georges de Sayn-Wittgenstein et Hohnstein*, grand-maître de S. M. la Reine airière, Envoyé extraord. et Ministre plénip.
Mr. *Louis-François Greuhm*, conseiller de cour, Secrét. de légation.

RUSSIE. Mr. le comte *de Stackelberg*, chambellan, Ministre plénipotent.

Cayenne.

AMERIQUE. Mr. *Thomas Aborn*, Agent commercial.

Céphalonie.

AUTRICHE. Mr. *Inchiastro*, Vice-Consul.

R. FRANÇAISE. Cit. *Bourbaki*, Sous - Commissaire.

Cérigo. *Isle.*

AUTRICHE. Mr. *Georges Macheriotti*, Vice-Consul.

Mr. *Nicolas Macheriotti*, Substitué.

Cette.

AMERIQUE. Mr. *Anderson*, Vice-Agent commercial.

AUTRICHE. Mr. *Charles Mercier*, Consul.

R. BATAVE. Cit. *Basille*, Commissaire.

DANEMARK. Mr. *Ewald*, Commissaire.

Mr. *Pierre Coulet*, Vice-Commissaire.

ESPAGNE. Don *Juan Mata-Malero*, Commissaire.

R. LIGURIENNE. Cit. *Rossy*, Commissaire-général.

SUEDE. Mr. *Barthélemi Paulin*, Agent de commerce; comme aussi pour *Montpellier*.

Chanton en Chine.

AUTRICHE. Mr. *Jean Reid*, Consul.

R. FRANÇAISE. Cit. *de Guignes*, Résident et Commissaire pour *Chanton* et *Macào*.

PRUSSE. Mr. *Daniel Beale*, Consul.

Mr. *Magniac*, Vice-Consul.

Charlestown.

ESPAGNE. Don *Diego Murphy*, Consul en *Caroline* et *Georgie*.

GR. BRETAGNE. Mr. *B. Moodie*, Consul.

PRUSSE. Mr. *Steinmetz*, Consul, 1802.

Cherbourg.

DANEMARK. Mr. *Texier*, Commissaire commercial.

Cherson.

AUTRICHE. Mr. *Ignace Rutter*, Consul.

R. FRANÇAISE. Cit. *Henri Mure*, Commissaire-général.

Chio en Archipel.

AUTRICHE. Mr. *Stellius Raffaelli*, Vice-Consul.

R. FRANÇAISE. Cit. *Vattier-Bourville*, Commissaire.

PRUSSE. Mr. le comte *de Comata*, Consul.

RUSSIE. Mr. de *Bani*, conseiller de cour, Consul.

Christiansand en Norvège.

BATAVE. Mr. *Daniel Isaacsen*, Commissaire de commerce.

FRANÇAISE. Cit. *Pauli*, Commissaire.

GR. BRETAGNE. Mr. C. Jean Mitchell, Consul; de même pour Aggerhuus.

PRUSSE. Mr. Niels Moe, Consul; de même pour les autres ports de la Norvège.

Chypre.

AUTRICHE. Mr. de Verzin, Consul.

GR. BRETAGNE. Mr. M. de Verzin, Consul.

R. FRANÇAISE. Cit. Regnault, Commissaire. (à Larnaca)

PRUSSE. Mr. Mattei, Consul.

Civita-vecchia.

ESPAGNE. Mr. Joseph Pucitta, Consul.

R. FRANÇAISE. Cit. Stannaty, Commissaire, nommé en Avril 1802.

Cleve.

BAVIERE. M. Bernard Hasenbach, conseiller de cour, Résident.

Collioure. *Pyrénées orient.*

ESPAGNE. Mr. *Burria*, Vice-Commissaire des relat. commerc. pour les ports de Coll' ure et de *la Victoire*.

Cologne. *Dep. de Roer.*

ARCHICHANCEL. Mr. *François-Louis Meyer*, Agent.

BAVIERE. Mr. le baron *Jean H. de Grein*, conseiller - intime, Envoyé - directorial au cercle du bas-Rhin.

DANEMARK. Mr. *Jean-David Herrstatt*, Résident; de même pour les villes voisines des Cercles du bas Rhin et de Westphalie.

NASSAU-ORAN. Mr. *I. G. Fauth*, conseiller de cour, Résident.

WIRTEMBERG. Mr. *I. F. Joseph Grub*, Résident.

Come.

R. FRANÇAISE. Cit. *Manzi*, Agent honoraire.

Constantinople.

AUTRICHE. Mr. le chevalier *Ignace de Stür-mer*, conseiller de cour, Internonce et Ministre plénipotent. 2. Nov. 1802.

Mr. *de Hammer*, Secrétaire de légation, Interprète.

Mr. *de Raab*, 2^d. Interprète.

Mr. *de Fleischhakl*, 3e. Interprète.

R. BATAVE. Cit. *F. G. van Dedem van de Gelder*, Ambassadeur. (14,500 Fl. dappointem.)

DANEMARK. Mr. le baron *Hübsch de Gros-thal*, Agent et Consul.

Mr. *P. Zohrab*, 1^r. Interprète.

Mr. *Pierre Eremian*, 2^d. Interprète.

Mr. *Jean Eremian*, Adjoint.

Mr. *J. Thamar*, Vice-Consul.

ESPAGNE. Mr. le chevalier *Ignace Marie de*

Corral, Ministre plénipotent. 18. Août 1801.

Mr. *Joseph Rodrigo*, Secrétaire de légation.

Mr. *Jean Soler**, Consul et Agent-général.

R. FRANÇAISE. Cit. *Brune*, conseiller d'état et général de division; Ambassadeur, 15. Févr. 1803.

auprès de Lui: Cit. *Ruffin*, Chargé d'affaires.

Cit. *Parandier*, 1ᵉ Secrét. d'ambassade.

Cit. *Lamarre*, 2ᵈ. Secrét. d'ambassade.

Cit. *Recordin*, 3ᵉ. Secrét. d'ambassade.

Cit. *Kieffer*, Interprète.

Cit. *Dantan*, Interprète.

GR. BRETAGNE. Sir *William Drummond*, Ambassadeur, 1803. (Ci-devant Envoyé extraordinaire et Ministre plénipotent. à Naples.)

Mr. *Alexandre Strattan*, Ministre plénipotent. 1802.

Mr. *Hamilton*, Secrét. de légation.

Mr. *Mooricz*, Secrétaire particulier.

Mr. *Pisany*, 1ᵉʳ. Interprète.

PORTUGAL.

PRUSSE. Mr. *Louis-Guillaume de Knobelsdorf*,
colonel d'infanterie, Envoyé extraord.

Mr. *Darrest*, conseiller de légation.

Mr. *Bozgiowisch*, 1ᵉʳ. Dragoman.

Mr. *Caraman*, 2ᵈ. Dragoman.

RUSSIE. Mr. *d'Italinzky*, chambellan actuel,
Envoyé extraord. et Ministre plénipotent. 8. Févr. 1803.

Mr. *de Bobrow*, Secrét. de légation.

Mr. *de Koslow*, Sous-Secrétaire.

Mr. *de Frodingh*, conseiller d'état et
Juge pour les affaires de commerce.

Mr. *Angelo Timoni*, son Adjoint, Dragoman.

Mr. *de Fonton*, conseiller d'état, Dragoman.

Mr. de Panayodoros, conseiller de cour, Dragoman.

Mr. de Dandri, conseiller de cour, Dragoman.

Mr. de Marini, conseiller de cour, Dragoman.

Mr. le prince de Dolgoroukow, assesseur, Dragoman.

Mr. de Frodingh, assesseur, Dragoman.

SAXE-EL. Mr. le baron Fréderic Hübsch de Grosthal, conseiller de cour, Chargé d'affaires.

SEPT-ISLES. Mr. le comte Léfchochilo, Ministre-Résident, 1800.

SICILE. le comte Ludolff, Envoyé.

SUÈDE. Mr. le chevalier Ignace Muradgea d'Olsson, Ministre plénipotent.

Mr. Charles-Gustave König, gentilhomme de la chambre, Chargé d'affaires.

Mr. Alrenberg, maître ès arts. Aumônier.

Copenhague.

AMÉRIQUE. Mr. *Jean-Rudolph Seabye*, Consul; de même pour les autres ports du Danemark et de la Norvège.

AUTRICHE. Mr.   Envoyé extraord. et Ministre plénipotent.

Mr. *de Krauſs*, Secrétaire de légation.

Mr. *Jean-Nic. Adam Romeis*, Consul-général.

R. BATAVE. Cit. *C. D. E. J. Bangeman Huygens*, Ministre plénipotent. 1802. (15,000 Fl. d'appointem.)

Cit. *Johnson*, Secrét. de légation.

BRÊME. Mr. *Henri-Charles Meinig*, Agent.

ESPAGNE. Mr. le comte *d'Yoldi*, chevalier, Ministre plénipotent. 22. Avril 1801.

Mr. *Ferdinand-Gomez Xara*, Secrét. de légation.

R. FRANÇAISE. Cit. *François-Antoine Daguesseau*, Envoyé extraord. et Ministre plénipotent. 19. Mai 1802.

Cit. *Désaugiers*, l'aîné, Secrét. de légation.

Cit. *Desaugiers*, le jeune, 2^d, Secrét. de
légation.

Cit. *Latour - Maubourg*, Attaché à la
mission.

Cit. *Antoine - Marie - Joseph - Thérèse-
Victor Laville*, Commissaire d. relat.
commerc.

Gr. Bretagne. Mr. le chevalier *J. Craufurd*,
Envoyé extraord. et Ministre plénipotent.

Mr. *François Hill*, Chargé d'affaires. 29
Mars 1802.

Hambourg. Mr. *Henri - Charles Meinig*, Agent
des villes anséatiques.

Lubec, le même.

Mecklemb. Schwer. Mr. *Jean - Pierre Hi-
orthöy*, Consul.

Portugal. Don *Cypriano - Ribeiro Freyre*,
chevalier, Envoyé extraord. et Minist.
plénipotent. 1801.

Mr. *Jean de Rademaker*, Chargé d'affaires.

PRUSSE. Mr. le baron *Senfft de Pilsach*, chambellan, Envoyé extraordinaire.

Mr. *Charles-Frédéric Busky*, Consul.

RUSSIE. Mr. *de Lizakéwitch*, conseiller d'état actuel, Envoyé extraord. et Ministre plénipot. 5. Nov. 1800.

Mr. le baron *de Krüdener*, conseiller de légation.

Mr. van *Brienen*, conseiller de collège Sous-secrétaire.

Mr. *Koschelew*, Sous-secrétaire.

Mr.   Consul-général.

SAXE-ELECT. Mr.

Envoyé extraord.

Mr. *Benoît-Chrétien Merbitz*, Secrét. de légation et Chargé d'affaires.

SICILE. Mr. le duc *de Campochiaro*, chevalier et chambellan actuel, Envoyé extra-ordinaire.

SUEDE. Mr. le baron *Charles - Gustave d'Oxenstjerna*, chevalier, Envoyé extraordinaire.

Mr. le baron *Charles de Taube*, chevalier et capitaine de garde, Chargé d'affaires et Secrét. de légation.

Mr. *Fréderic - Ludolph* Gustmeyer, Consul.

Corck.

AMERIQUE. Mr. *Jean Church*, Consul.

R. FRANÇAISE. Cit. *Bréard*, Sous - Commissaire.

PORTUGAL. Mr. *Antonio Teixeira de Sampajo*, Consul.

Corfou.

AUTRICHE. Mr. *Léonard Grattagliano*, Consul.

R. FRANÇAISE. Cit. *Romieu*, Commissaire général des rélat. commerc. et Chargé

d'affaires auprès de la République des
VII. Jsles-unies; nommé en Nov. 1801.
RUSSIE. Mr. le comte *Mocenigo*, conseiller d'é-
tat, Ministre plénipotent. près de la
Rép. des VII. Jsles, 29. Mai 1802.
Cit. *Benaki*, conseiller de cour, Consul-
général.

la *Corogne*.

AMÉRIQUE. Don *José Becerra*, Chargé d'affaires.

AUTRICHE. Mr. *Pierre van der Schrick*, Vice-
Consul.

R. BATAVE. Cit. *D. van der Schrick*, Consul.
Cit. *Antoine Raschel*, Vice-Consul.

DANEMARK. Cit. *Antoine Opitz*, Consul-génér.

ETRURIE Cit. *Pierre van der Schrick*, Vice-Sons.

R. FRANÇAISE. Cit. *Joseph Ailhaud*, Commissaire d. r. c.

Cit. *Pierre Harismendy*, Chancelier.

PORTUGAL. Mr. *Luis de Carvalho e Sousa*,
Consul; de même à *Ferrol*. (absent.)

Don *Miguél Arias de Bustamante*, Vice-Consul.

PRUSSE. Mr. *äé Lagoanère*, Consul pour toute la côte de *Galicie*.

SUEDE. Mr. *Antóine Opitz*, Chargé d'affaires. (Encargado)

Coron en Morée.

R. FRANÇAISE. Cit. *Vial*, Commissaire des relat. commerc.

le *Croisic*. Dép. de la Loire.

UEDE. Mr. *Gárdemann*, Consul.

Cronstadt.

R. FRANÇAISE. Cit. *Leliéur - Ville - sur - Arce*, Sous - Commissaire, nommé en Déc. 1801.

SUEDE. Mr. *Josua - Fréderic Kock*, Agent de commerce.

Cuba.

AMERIQUE. Mr. *Jean Morton*, Consul à la Havanne.

Mr. *Josias Blackeney*, Consul à s. Jaques.

Mr. *Robert Ritchie*, Consul à Port-au-Prince.

Curaçao.

AMERIQUE. Mr. *Benjamin - Henri Philips*, Consul.

PRUSSE. Mr. *de Teylingen*, Consul.

Danzic.

R. BATAVE. Mr. *I. Ross*, Commissaire.

DANEMARK. Mr. *Jens Koustrup*, conseiller d'état, Consul.

R. FRANÇAISE. Cit. *Harmand*, Commissaire, nommé en Nov. 1801.

GR. BRETAGNE. Mr. *Alexander Gibson*, Commissaire.

RUSSIE. Mr. *Trefurt*, conseiller de collège, Consul-général.

SUEDE. *Charles - Frederic Palin*, Agent de commerce.

Dardanelles.

R. FRANÇAISE. Cit. *Martin*, Sous-Commissaire.

PRUSSE. Mr. *Cohen*, Vice-Consul.

RUSSIE. Mr. *Caimu Taragan*, Consul.

Darmstadt.

R. FRANÇAISE. Cit. *Helfflinger*, Chargé d'affaires, en Mars 1801.

PRUSSE. Mr. *Formey*, conseiller de légation, Ministre-Résident.

Demérary en *Guiane.*

AMERIQUE. Mr. *Nicolas Rousselet*, Consul; de même pour Essequébo.

Dénia en *Valence.*

AUTRICHE. Mr. *François Merle*, Vice-Consul.

Douvres.

R. BATAVE. Mr. *Jean M. Tector*, Commissaire
1803.

Dresde.

AUTRICHE. Mr. le comte *Alois de Kaunitz-
Rittberg et Questemberg*, chambellan et
conseiller - aulique, Envoyé extraord.
et Ministre plénipotent. 1803.
(auparav. à *Copenhague* depuis 2. Sept. 1801)
Mr. le baron *de Rotenburg*, Secrét. de
légation.

BAVIERE. Mr. le comte *de et à Lerchenfeld*,
chambellan, Envoyé extraord. Ministre
plénipotentiaire, nommé en Mai 1801.

DANEMARC. Mr le baron *Frédéric - Louis-
Ernest de Bülow*, chevalier, conseiller-
privé et chambellan, Envoyé extraord.
en Janv. 1802.

Mr. le professeur *Chrétien-Louis Pelt,* Secrét. de légation.

ESPAGNE. Don *Ignacio-Lopez d'Ulloa,* chevalier, Envoyé extraord. et Ministre plénipotent. 19 Dec. 1802.

Don *Toribio de Lemo,* Chargé d'affaires.

Don *Manuel-Gonzalez Salmon,* capitaine, Secrét. de légation.

R. FRANÇAISE. Cit. *Alexandre de la Rochefaucault,* Ministre plénipotent. 16 Dec. 1801.

Cit. *Edouard Dumoustier,* Secrét. de légation.

GR. BRETAGNE. Mr. *Benjamin Garlike,* Envoyé extraord. et Ministre plénipotent, désigné.

Mr. *David Grey,* Secrét. de légation.

HANOVRE. Mr. le baron *Benoît-Auguste Bremer,* conseiller-privé de guerre, Envoyé extraord. et Ministre plénipot.

Mr. *Fréderic-Guillaume Hoppe,* Chanceliste de la régence.

PRUSSE. Mr. *de Brockhausen*, conseiller-privé, Envoyé extraord.

Mr. *Lautier*, Secrétaire de légat.

RUSSIE. Mr. *de Chanikoff*, lieutenant-général, Envoyé extraord. et Ministre plénipot. 13 Nov. 1802.

Mr. *de Bützow*, conseiller d'état et Chargé d'affaires.

Mr. *de Zismer*, conseiller de cour et Sous-secrétaire.

Mr. *de Dolst*, assesseur et Sous-secrétaire.

SAXE - WEIMAR. Mr. *Richter*, Agent.

SUEDE. Mr.   Envoyé extraord.

Mr. *Nicolas Palin*, Chargé d'affaires.

WIRTEMBERG. Mr. *Plitt*, Résident.

Drontheim.

R. BATAVE. Cit. *J. Joubert*, Commissaire.

GR. BRETAGNE. Mr. *Alexandre Brown*, Consul.

PRUSSE. Mr. *Braaks*, Consul.

Dublin.

AMERIQUE. Mr. *Joseph Wilson*, Consul.

R. BATAVE. Mr. *Edouard Jameson*, Commissaire-général, 1803.

DANEMARK. Mr. *Georges Eskildsen*, Consul pour l'Irlande.

R. FRANÇAISE. Cit. *Fauvelet*, Commissaire.

PORTUGAL. Don *Manoel - Caetano Thomazini*, Consul.

Dunkerque.

AUTRICHE. Mr. *Joseph Fellatre*, Consul.

R. BATAVE. Cit. *L. J. Steurbrock*, Commissaire - général de la navigation batave pour les dép. *du Nord, Pas - de - Calais* et *de la Somme*.

DANEMARK. Mr. *Nicolas M. Doncquer*, Commissaire.

ESPAGNE. Mr. *Augustin Gimbernat*, Commissaire.

PRUSSE. Mr. *Herwyn*, Agent de commerce.

Durazzo en *Albanie.*

AUTRICHE. Mr. *Dominique Cabaci,* Vice-Consul.

Elbing.

R. FRANÇAISE. Cit. *Fevelat,* Commissaire, nommé en Mai 1801.
Cit. *Magallon,* Sous-Commissaire.

Emden.

DANEMARC. Mr. *Nicolas Tholen,* Consul, nommé en Mars 1801.

Eutin.

DANEMARK. Mr. *Josse-Conrad de Römeling,* chambellan et major, Ministre auprès de la cour épiscopale de Lübec et de Holstein-Oldenbourg.

Falmouth.

AMERIQUE. Mr. *Robert W. Fox,* Consul.

Fano sur *l'Adriatique.*

AUTRICHE. Mr. *Jaques - Philippe Ferri,* Vice-Consul.

Faro dans les *Algarves.*

AUTRICHE. Mr. *Jean Keating,* Vice - Consul.

ESPAGNE. Don *Francesco de Prado - Ordonnez,* Consul.

GR. BRETAGNE. Mr. *Jean Lampriere,* Consul.

Fayal (Isle *Açore.*)

AMERIQUE. Mr. *Jean Street,* Consul.

Ferrol en Galicie.

DANEMARK. Don *Francisco Fernandez,* Vice-Consul.

FRANÇAISE. Mr. *Thomas Calbet,* Agent. (Encargado)

PORTUGAL. Don *Luis de Carvalho e Susa,* Consul.

Don *Luis Pardinyas,* Vice-Consul.

SUEDE. Don *Francisco Fernandez*, Vice-Consul.

Fiume.

voy. Trieste.

Florence.

AMERIQUE. Mr. *Thomas Pinkney*, Surinten-
dant-général des Consuls Américains,
1802.

AUTRICHE. Mr. *Joseph de Veigl*, Ministre-
Résident et Consul-général.
Mr. *Sigismond de Veigl*, Commissaire de
légation.

R. BATAVE. Cit. *van Dedem*, Envoyé extraord. 1802.

DANEMARK.

ESPAGNE. Mr. le chevalier *d'Orozco*, Ministre.
Mr. *d'Argumosa*, Secrét. de lég.

-R. FRANÇAISE. Cit. *Henri-Jaques-Guillaume
Clarke*, général, Ministre plénipotent.
Cit. *Lefebure*, 1er Secrét. de légation.
Cit. *Siméon*, 2d. Secrét. de légation.

GR. BRETAGNE. Sir *William F. Wyndham,* Envoyé extraord. et Ministre plénipotentiaire.

. ITALIENNE. Cit. *Tassoni,* Envoyé, en Dec. 1801, et 2 Secrétaires de légation.

R. LIGURIENNE. Cit. *Pareti,* Ministre, 18. Dec. 1801.

. LUQUES. Cit. *Belluomini,* Envoyé, 1801.

PRUSSE. Mr. *de Humbold,* chambellan, Ministre près du st. Siège et de differentes cours d'Italie, nommé en Mai 1802.

ROME. Mr. *Gregorio Morozzo,* Nonce apostolique, 20. Oct. 1801.

USSIE. Mr.   Ministre plenipot.

AXE-WEIMAR. Mr. *Cambiagi,* Agent.

Francfort sur le *Mein.*

UTRICHE. Mr. le comte *de Schlick,* Ministre plénipotent. (à Cassel).

Mr. *de Mölk,* Ministre - Résident, 18 Août 1801.

Mr. *de Pichler*; Résident et Chargé d'affaires dans les cercles de Westphalie et du Bas-Rhin.

BAVIERE. Mr. le baron d'Empire *Guillaume de Weiler*, conseiller-privé, Envoyé-directorial près les cercles du Haut-et Bas-Rhin.

Mr. *Joseph Ortenbach*, Secrétaire de légation.

DANEMARK. Mr. *Georges Stophel*, Agent et Consul.

R. FRANÇAISE. Cit. *Hirsinger*, Résident, en Mai 1802.

Cit. *Baechele*, Secrétaire.

HANOVRE. Mr. *Joachim de Schwarzkopf*, Secrétaire-privé de chancelerie; Résident près les Cercles du Haut-et Bas-Rhin.

HESSE-CASSEL. Mr. *Justinien d'Adlerflycht*, conseiller-privé de légation, Envoyé près le Cercle du Haut-Rhin.

Mr. le baron *Frédéric-François Schmidt de Rossan*, Résident.

Mr. *Frédéric-Guillaume Jenser*, Chanceliste.

HESSE-DARMST. Mr. le baron *François-Guillaume de Wiesenhütten*, conseiller privé, Envoyé.

Mr. *Jean-Frédéric Purgold*, conseiller de cour, Résident.

MECKLENB. SCHWER. Mr. *de Schönitz*, Résident, 1802.

ECKLENB. STREL. Mr. le chambellan *de Ponte-Leon*, Résident.

NASSAU-ORAN. Mr. *Plitt*, conseiller - privé de légation, Envoyé près le cercle du Bas-Rhin.

RUSSE. Mr. *de Hochstetter*, Ministre plénipot. au cercle du Haut-Rhin.

USSIE. Mr. le comte *de Stackelberg*, chambellan, Envoyé extraord. et Ministre plénipotent. (à Cassel.)

Mr. *Maurice Bethmann*, conseiller de cour Consul.

AXE-ELECT. Mr. *Thomas-Ernest*, noble *de*

Kötteritz, conseiller de légation, Résident.

SAXE-COBOURG-MEININGEN. Mr. le Docteur Jean-Frédéric Plitt, Ministre-Résident.

SAXE-COBOURG-SAALFELD. le même.

SAXE-WEIMAR. Mr. C. Ph. Riese, Résident.

SUEDE. Mr. Jean-Noë Gogel, Agent.

WIRTEMBERG. Mr. le docteur Jean-Frédéric Plitt, Résident.

Franconie. (Cercle de)

cf. Nuremberg.

Galatz en Moldavie.

R. FRANÇAISE. Cit. Méchain, Sous-Commissaire des r. c.

Galipoli.

AUTRICHE. Mr. Joachim Cavalieri, Vice-Consul.

Gênes.

AMERIQUE. Mr. Frédéric W. Wallaston, Consul.

AUTRICHE. Mr. *Antoine Martignóni*, Consul.
Mr. *Joseph Berthe*, Vice-Consul.

R. BATAVE. Cit. *Dodero*, Consul.

DANEMARK. M. *Joseph-Alexis Morellet*, Consul-général et Agent.
Mr. *Antoine Morellet*, Consul-adjoint.

ESPAGNE. Don *Leonardo Gomez de Teran*, Ministre-Resident.
Don *Joaquim de Gispert*, Secrét. de légation.
Don *Pedro* de la *Paz*, Consul.

R. FRANÇAISE. Cit. *Belleville*, Chargé d'affaires et Commissaire-général pour les côtes de Spezzia à Naples.
Mr. *Bodard*, Commissaire.
Mr. *Ribicz*, Chancelier.

R. BRETAGNE. Mr. *Joseph Brame*, Consul.

ITALIENNE. Cit. *Comnetti*, Envoyé, 1801.

PORTUGAL. Don *Juan Piaggio*, Consul-général.

SARDAIGNE. Don *Nomis de Cosilla*, chevalier, Ministre.

Don *Agnesi*, Consul.

SUEDE. Mr. *Charles Holmberg*, Agent de commerce.

Georgestown dans la Caroline mérid.

R. FRANÇAISE. Cit. *Pichon*, Chargé d'affaires et Commissaire-général des relat. commerciales.

Gibraltar.

AMERIQUE. Mr. *Jean Gavino*, Consul.

AUTRICHE. Mr. *Joseph Gazzo*, Consul.

DANEMARK. Mr. *Jean Glynn*, Consul.

SICILE. Mr. *Jean Ross*, Vice-Consul.

SUEDE. Mr. *Elmslie*, Agent.

Gijon dans les Asturies.

DANEMARK. Mr. *Edouard Kelly*, Vice-Consul.

R. FRANÇAISE. Cit. *Lagoanère*, Commissaire. Don *Luis Mernar*, Commissaire.

PORTUGAL. Don Juan Bautista Gonzalez,
Consul-général pour les Asturies.

    Mr. Edouard Kelly, Vice-Consul.

Glascow.

MERIQUE. Mr. Jean C. Murdy, Consul.

R. FRANÇAISE. Cit. Moreau, Commissaire.

Gothenbourg.

AMERIQUE. Mr. Elias Bachmann, Consul.

R. BATAVE. Cit. S. Solgiller, Consul.

DANEMARK. Mr. Guillaume Brown, Consul.

R. FRANÇAISE* Cit. Desgouttes, Commissaire,
    nommé en Mars 1801.

GRANDE-BRET. Mr. Thomas Erskine, Con-
    sul. Mr. Chrétien-Alex. Jäger, Con-

PRUSSE. Mr. Oloff Beckmann, Consul.

    Mr. Grégoire Beckmann, Vice-Consul.

RUSSIE. Mr. Levanda, conseiller de cour, Con-

les *Grisons.*

AUTRICHE. Mr. le baron *Antoine de Cron thal,* Chargé d'affaires.

Guadeloupe.

AMÉRIQUE. Mr. *Edouard Jones,* Agent commercial.

Hambourg.

AMÉRIQUE. Mr. *Ulric Hencke,* Secrétaire, Chargé d'affaires.

Mr. *Joseph Pitcairn,* Consul.

Mr. *John M. Forbes,* Consul, 20 Août 1802.

AUTRICHE. Mr. *Chrétien-Alois Höfer,* Consul et Chargé d'affaires auprès du cercle de Basse-Saxe.

BADE. Mr. *Jean-Charles Weinhardt,* Agent.

R. BATAVE. Cit. *J. G. Reinhold,* Chargé d'affaires près les villes anséatiq. (4380 Fl. d'appointem.)

Cit. *Apostool*, Commissaire des relations commerc.

DANEMARK. Mr. le chevalier *Adolphe-Théophile d'Eyben*, conseiller-privé, Envoyé extraordinaire auprès du cercle de Basse-Saxe, en Sept. 1801.

Mr. *Kunhardt*, Chargé d'affaires.

Mr. *Jean-Joachim Möller*, Consul.

ESPAGNE. Mr. le chevalier *Joseph d'Ocariz*, Ministre-Résident.

Mr. *G. M. de Bringas*, Consul-général.

ÉTRURIE. Mr. *Jean-Henri Nolte*, Consul-général.

FRANÇAISE. Cit. *Reinhardt*, Ministre plénipotent. auprès du cercle de la Basse-Saxe, 23 Juin 1802.

Cit. *Teulon*, de Bordeaux, Secrétaire de légation.

Cit. *d'Estournel*, Commissaire de légation.

Cit. *la Chevardière*, Commissaire-général des relations commerc. auprès du

cercle de la Basse-Saxe, nommé en
Juin 1802.

Gr. Bretagne. Sir *James Craufurd*, Brt. Ministre plénipotentiaire auprès du cercle
de Basse-Saxe et Résident près les
villes anséatiques.

Sir *Rumbold*, Brt. Chargé d'Affaires près
les villes anséatiques.

Mr. *Jean Colemann*, Secrétaire de légation.

Mr. *Alexandre Cockburn*, Consul-général près les villes anséatiques dans
le cercle de la Basse-Saxe. (absent)

Mr. *Edouard Nicholas*, Vice-Consul.

Hanovre. Mr. *Elias Meyer Michael-David*,
Agent de la chambre des domaines.

Mr. *Samuël Joseph Wertheimber*, Agent
de la chambre des domaines.

Hesse-Cassel. Mr. *Jean Théophile Wolff*,
Agent.

Hesse-Darmst. Mr. le conseiller *Fréderic
Rolfs*, Agent.

MECKLENBOURG-SCHWERIN. Mr. Henri - Mathias
    Pauli, conseiller de légation, Agent.

NASSAU-ORANGE. Mr. Dörtinger, Agent.

PORTUGAL. Mr. Jean Sokuback, Chargé d'af-
    faires et Consul-général.

PRUSSE. Mr. Auguste de Schultz, conseiller
    privé, Envoyé et Ministre plénipotent.
    près le princes et états du cercle de
    Basse-Saxe.

    Mr. Godefroi-Daniel Schultz, conseil-
    ler de cour, (Chargé d'affaires 17.
    Juin 1802) Secrétaire.

    Mr. Henri - Guillaume Schwarz, Con-
    sul, 19. Juillet 1800.

    Mr. Guillaume-Louis Schultz, Vice-
    Consul.

RUSSIE. Mr. le chevalier de Forssmann, con-
    seiller d'état, Chargé d'affaires rési-
    dent. 20. Févr. 1801.

    Mr. d'Euler, Secrét. de légation.

    Mr. Stender, Consul-général.

SAXE-COBOURG-SAALF. Mr. Georges-Guil-

... laume Schär, conseiller de commerce, Agent.

SAXE-GOTHA. Mr. Jean Hess, Agent.

SAXE-WAIMAR. Mr. Daniel Lienau, conseiller de commerce, Agent.

SUEDE. Mr. le chevalier Nicolas de Peyron, Ministre. (absent)

Mr. Gustave Stark, directeur de poste, Chargé d'affaires.

Mr. le chevalier J. P. Awerhoff, Agent-général.

Hanovre.

BREME. Mr. le chevallier Georges-Fréderic Wehrs, conseiller de cour, Agent.

HAMBOURG. Mr. Ernest-Daniel Dommes, conseiller privé des finances Agent.

MECLENB. STREL. les mêmes Agens.

Haut-Rhin. (Cercle du)

cf. Francfort, Nuremberg.

AUTRICHE. *François-Joseph Schillein*, Secrétaire de légation.

ANDHICHANG. Mr. le baron *Georges-Adam de Kieningen*, Envoyé près les cercles du Haut et Bas-Rhin.

Mr. *Philippe-Népomucene Seitz*, Secrét. de légation.

Havre de Grace.

AMÉRIQUE. Mr. *Pierre Dobell*, Agent de commerce.

Mr. *de la Motte*, Vice-Agent.

AUTRICHE. Mr. *Jean-Bapt. Joseph de la Haye le Boüis*, Consul-général.

DANEMARK. Mr. *André Pichmann*, Commissaire.

ESPAGNE. Mr. *Louis Acher*, Vice-Consul.

PRUSSE. Mr. *Schmuck*, Agent de commerce.

SUEDE. Mr. *Nicolas Reinecke*, Agent commercial.

la Haye.

AMERIQUE. Mr. Bourne, Consul-général.

ANSEATIQUES. Mr. Georges-François de Bosset, chambellan, Ministre-Résident.

AUTRICHE. Mr. le baron de Fels, Envoyé extraord, et Ministre plénipotent. 23. Nov. 1802.

Mr. de Floret, Secrét. de légation.

Mr. de Jonghe, Conseiller de légation.

BAVIERE. Mr. Joseph de Georges, Ministre.

DANEMARK. Mr. le comte Ferdinand de Ludkner, chambellan, Envoyé extraord.

Mr. le colonel Jean Théophile de Fussmann, Chargé d'affaires.

Mr. Pierre-Frédéric Gosse, Agent.

ESPAGNE. Don Juan de Bouligni, Ministre plénipot. 14. April 1803.

Don Francesco Ruiz y Lorenzo, Secrét. de légation et Chargé d'affaires, 15. Fév. 1803.

FRANÇAISE. Cit. *Huguet-Semonville*, Ambassadeur extraord. 18. Janv. 1800; Amb. et Ministre plénipotent. 11. Oct. 1802.

auprès de Lui:

Cit. *de Marivault*, 1.er Secrét. de légation et Chargé d'affaires.

Cit. *Desmazières*, 2.d Secrétaire de légation.

GR. BRETAGNE. Mr. *Robert Liston*, Envoyé extraord. et Ministre plénipotent. 16. Sept. 1802.

Mr. *Edouard Thornton*, Secrét. de légation.

HANOVRE. Mr. *Georges de Hinüber*, conseiller de légation, Ministre plénipotent.

HESSE-CASSEL. Mr. le chambellan *G. F. de Bosset*, Ministre Rés.

R. ITALIENNE. Cit. *Galdi*, Agent diplomatique.

MECKLENB. SCHWER. Mr. le chambellan *G. F. de Bosset*, Envoyé extraord.

PORTUGAL. Don *Ivano - Paulo Bezzerra*, chevalier, Envoyé extraord. 4 Août 1802.

PRUSSE. Mr. Ministre plénipotent.

Mr. *de Bielefeld*, Chargé d'affaires près la République Bátave, 31 Oct. 1802.

Mr. le comte *de Lehndorff*, Chevalier d'honneur.

RUSSIE. Mr. le comte *Otto-Magnus de Stackelberg*, conseiller - privé, Envoyé extraord. et Ministre plénipotent. 15 Oct. 1802.

Mr. le baron *de Hougberg*, Conseiller de légation. (Chargé d'affaires, 3. Mai 1802)

Mr. *Kologriwow*, Sous-Secrétaire.

SAXE-GOTHA. Mr. *Jean-Gisbert Heenemann*, Agent de guerre.

Mr. *Rudolphe Henzy*, Agent.

SAXE-WAIMAR. Mr. *Corneille van der Koop*, Agent.

SUEDE. Mr. le comte *Fréderic - Adolphe de*

Löwenhjelm, chambellan, Envoyé extraordinaire.

Mr. *Jean - David Akerbladl*, Secrétaire de légation, en Nov. 1802.

WIRTEMBERG. Mr. le baron *J. C. F. de Hügel*, Ministre plénipotentiaire, 1. Oct. 1801.

Helsingfors.

R. BATAVE. Cit. *Josse-Jaques van Aller*, Commissaire pour les ports du Danemarc.

Helsingoer. (Elseneur)

AUTRICHE. Mr. *Jean-Jaques-Féderic de Lilienthal*, Consul, 1801.

R. BATAVE. Cit. *Josse-Jaques van Aller*, Commissaire.

ESPAGNE. Mr. *Jean-Augustin Bading*, Consul.

R. FRANÇAISE. Cit. *Laville*, Commissaire.

GR. BRETAGNE. Mr. *Charles Fenwick*, Consul pour les ports du Danemarc.

PORTUGAL. Don Juan-José de Vascontellos, Consul-général.

PRUSSE. Mr. Henri Talbitzer, Consul pour le Danemarc.

RUSSIE. Mr. Charles Hoffmann, assesseur aux collèges, Consul.

      Mr. d'Atemieff, Secrét. du consulat.

SICILE. Mr. Salomon Courchill, Vice-Consul.

SUEDE. Mr. Isac Gloerselt, commissaire de poste, Agent-général de commerce.

Héraclée en Romanie.

R. FRANÇAISE. Cit. Allier, Sous-Commissaire d. r. c.

Hull.

R. FRANÇAISE. Cit. Marès, Sous-Commissaire d. r. c.

Jaffa en Syrie.

AUTRICHE. Mr. Jean Damiani, Agent.

Jassy en Moldavie.

Autriche. Mr. *Damiani*, Agent.

R. Française. Cit. *Piosacco*, Commissaire-général.

Russie. Mr. *de Malinowsky*, conseiller de collège, Consul-général pour la Moldavie, Valaquie et Bessarabie.
Mr. *Nádoba*, 1^r. Dragoman.
Mr. *de Savitsky*, 2^d. Dragoman.

Jersey.

R. Française. Cit. *Chepy*, Sous-Commissaire des relat. commerciales, nommé en 1802 pour les Isles de Jersey, Gernsey, Alderney et Cers.

Inspruck.

Augsbourg. Mr. le docteur *Jea.. Hahn*, Agent.

Isle-de-France.

Amerique. Mr. *François-Guillaume Buchanan*, Agent commercial.

AUTRICHE. Mr. le chevalier *Charles de Pelgram*, Consul-général pour Isle-de-France, Cap-de-bonne-Espérance et généralement pour les côtes des Indes-Orientales.

Kehl.

SAXE-GOTHA.   Mr. *Auguste - Benjamin - Fr. Strobel*, conseiller de cour, Agent.

Kingston.

AMERIQUE.   Mr. *Georges Knox*, Consul.

Königsberg.

DANEMARK.   Mr. *Jean-Pierre Butty*, Consul.

RUSSIE.   Mr. *Fazius*, conseiller de cour, Consul.

SUEDE.   Mr. *Jöns-Frédericson Koch*, Agent de commerce.

Lattaquie en Syrie.

R. FRANÇAISE.   Cit. *Geoffroy*, Sous-Commissaire.

Leipsic.

SAXE-GOTHA. Mr. *Chrétien - Fréderic Stock*, Agent de la cour.

SAXE - WEIMAR. Mr. *Chrétien Andréä*, Agent.

PRUSSE. Mr. *Auguste - Guillaume Crayen*, conseiller de la chambre des domaines, Agent.

RUSSIE. Mr. *Jean de Schwarz*, assesseur, Consul.

Leith.

AMERIQUE. Mr. *Harry Grant*, Consul.

DANEMARK. Mr. *Thomas Mu..derup*, Consul pour l'Ecosse et l'Angleterre septentr. Mr. *Biörn Salvesön*, Consul - adjoint.

Lepante.

AUTRICHE. Mr. *Antoine Dasso*, Vice-Consul.

Levant.

R. FRANÇAISE. Cit. colonel *Horace Sebastiani*, Envoyé extraord. 1802.

Libau.

R. BATAVE. Cit. *Loopuit*, Consul, nommé 9. Sept. 1802.

DANEMARK. Mr. *Armand Sorgenfrey*, Consul-général en Curlande et Semigalle.

PRUSSE. Mr. *Immermann*, Consul.

SUEDE. Mr. *Fr. Guillaume Trantz*, Agent de commerce.

Lisbonne.

AMERIQUE. Mr. *W. Smiths*, Ministre - Résident.

Mr. *Thomas Bulkeley*, Consul-général.

V. ANSEATIQUES. Mr. le baron *François-Xavier de Stoqueler*, Consul.

Mr *Jean-Pierre Rocks*, Vice-Consul.

AUTRICHE. Mr. le chevalier *Adam de Lebzeltern*, conseiller de cour, Envoyé extraord. et Ministre plénipotent.

Mr. *de Costes*, Secrétaire de légation.

Mr. *François-Xavier* baron *de Stoqueler*, Consul-général.

R. BATAVE. Cit, *C. H. van Grasveld*, Ministre plénipotent. 1802. (15,000, Fl. d'appointem.)

Cit. *Daniel Gildemeester*, Consul-général.

Cit. *Jaques Doormann*, Consul.

Cit. *Nicolas Rocks*, Vice-Consul.

DANEMARK, Mr. *Georges de Kaas*, chambellan, Envoyé extraord, 1802.

Mr. le comte *G. de Moltke*, Secrét, de
légation et Chargé d'affaires.

Mr. *Jean Ayres*, Consul,

Mr. *Jean Pierre Rocks*, Vice-Cousul,

ESPAGNE, Mr. le comte *del Campo d'Alan-
ge*, Ambassadeur, 1802.

auprès de Lui:

Don *Evaristo-Perez de Castro*, Secrét.
de légation.

Don *José del Rio*, cheval. Consul-génér.

Don *Antonio Ruiz Toranzo*, Vice-
Consul.

R. Française. Cit. *Lannes*, général de division, Envoyé extraord. et Ministre plénipotent. 29. Mars 1802. (absent depuis 10 Août 1802 — 21 Mars 1803.)
Cit. *Fitte*, Chargé d'affaires et Secrét. de légation.
Cit. *Dannery*, Commissaire - général de relat. commerc. 1802.
Cit. *Lafargue*, Sous-Commissaire.

Gr. Bretagne. Lord *Robert - Stephen Fitzgerald*, Envoyé extraord. et Ministre plénipotent. nommé en Sept. 1802.
Mr. *Jaques Gambier* Consul - général.
Mr. *C. Goddard*, Consul.
Mr. *Jean Hunter*, Vice - Consul.
Mr. *François Arbouin*, Vice - Consul.

R. Italienne. Don *Thomas Badano*, Consul - général.

Prusse. Mr. *de Gualtieri*, major de cavalerie, Envoyé extraord. et Ministre plénipotent. désigné.
Mr. *Chrétien - Daniel Peters*, Consul.

R. RAGUSE. Don *Luiz Guiglioni*, Consul-général.

Don *Antonio - Ruiz Toranzo*, Vice-Consul.

ROME. Mgr. le cardinal *César Brancadoro*, archévêque de Nisibe, Nonce apostolique, 30. Mai 1802.

RUSSIE. Mr. *de Wasilieff*, conseiller d'état actuel Envoyé extraordinaire et Ministre plénipotentiaire.

Mr. *d'Otto*, conseiller d'état.

Mr. *de Kraft*, assesseur, et Sous-secrétaire.

Mr. *Doubatschewskoy*, conseiller de cour Consul-général.

Mr. *Nicolas Rocks*, Vice-Consul.

SARDAIGNE. Don *Gaspar - Domingos Isasca*, Chargé d'affaires.

SICILE. Mr. *Vincent Maziotti*, Chargé d'affair.

Mr. *Chrétien - Daniel Peters*, Consul-général.

Mr. *Jean - Pierre Rocks*, Vice-Consul.

SUEDE. Mr. *Charles M. de Rehausen*, lieutenant-colonel, Chargé d'affaires. 1801.

Mr. *Ferdinand - Joseph van Sittard*, Agent de commerce, nommé 26. Nov. 1801.

Mr. *Jean-Albert Kantzau*, Agent.

Liverpool.

AMERIQUE. Mr. *Jaques Maury*, Consul.

DANEMARK. Mr. *Lorent Hanssen*, Consul.

PRUSSE. Mr. *Maloneck*, Consul.

Mr. *Müller*, Vice-Consul.

Livourne.

AMERIQUE. Mr. *Thomas Appleton*, Consul.

AUTRICHE. Mr. *Paul Ricci*, Consul.

R. BATAVE. Cit. *D. Kerfbyl*, Consul.

DANEMARK. Mr. *Jean-Christophe Ulrich*, Chargé des affaires consulaires.

Mr. *Jean Marassi*, Vice-Consul et depuis 1803 Agent de marine.

Mr. *P. Jaume*, Agent.

Espagne. Mr. *Jean-Bapt. Virio*, Consul, 1802.

R. Française. Cit. *Colaud*, Commissaire-général.

Cit. *Canclaux*, Sous - Commissaire et Chancelier du consulat-général.

Gr. Bretagne. Mr. *A. M. Neill*, Consul.

Hambourg. Mr. *Jean-Martin Misler*, Consul-général.

Portugal.

Prusse. Mr. *Bolla*, Agent.

Russie. Mr. le banquier *Calamai*, Consul-général.

Sardaigne. Mr. *Spagnolini*, Consul-général. Mr. *de Capello*, Agent-général.

Suede. Mr. *Joachim Grabien*, Agent de comerce.

Londres.

Amerique. *James Monroe*, Esq. Envoyé extraord. et Ministre-plénipotent. nommé 11. Janv. 1803. (à Paris)

Mr. *Thomas Dandridge*, Secrét. de légation.

*   *

Mr *Georges-Guillaume Erving*, Consul.

Mr. *David Lenox*, Agent de marine.

V. ANSEAT. Mr. *Henri Heymann*, Agent.

AUTRICHE. Mr. le comte du st. Empire Romain *Louis de Starhemberg*, chevalier, chambellan-actuel et conseiller-privé, Envoyé extraord. et Ministre plénipotentiaire.

Mr. *Jean-Luc* baron *de Reigersfeld*, Secrét. de légation.

Mr. *de Pelser*, conseiller de légation.

Mr. *Martens*, Consul-général.

Mr. *A. Songa*, Consul.

R. BATAVE. Cit. *Roger-Jean Schimmelpenninck*, Envoyé extraord. et Ministre plénipotent. 8. Dec. 1802. (35,000 Fl. d'appointem.)

Cit. *Apostool*, Commissaire-général des relations commerciales, nommé 22 Nov. 1802.

BAVIERE. Mr. *Hubert de Pfeffel*, conseiller de régence, Chargé d'affaires, 8. Sept. 1802.

DANEMARK. Mr. le comte *Frédéric-Antoine de Wedel-Carlsberg*, conseiller-privé et chambellan, Envoyé extraordinaire.

Mr. *André Gyldenpalm*, gentilhomme de la chambre, Secrét. de légation et actuellement Chargé d'affaires.

Mr. *Georges Wolf*, Consul.

Mr. *Jens Wolf*, Adjoint.

ESPAGNE. Don *José d'Anduaga*, chevalier, Ministre plénipotent. 6 Mars 1802. (Ci-devant à la Haye dep. Nov. 1795 — 13. Fevr. 1803)

Don *Miguel de Larréa*, Consul-général et Chargé d'affaires.

R. FRANÇAISE. Cit. *Fr. Andréossi*, général de division, Ambassadeur, 17. Nov. 1802. (8000 Livr. sterl. d'appointemens) auprès de Lui:

Cit. *Portalis*, fils, 1ʳ. Secrét. de légation.

Cit. *Coquebert-Montbret*, Deputé commercial, en Juin 1802.

HANOVRE, Mr. *Ernest-Louis-Jules de Lenthe,* Ministre actuel d'état et de cabinet.

Mr. *Georges-Auguste Best,* Conseiller-intime de cabinet.

Mr. *Jean-Georges-Louis Möller,* Secrétaire-privé de chancellerie.

Mr. *Henri-Gérard Goltermann,* Régistrateur-privé et Commis-privé du Secretariat.

Mr. *Jean-Georges-Chrétien Richter,* Commis-privé du Secretariat.

Mr. *Georges-Guillaume Hennings,* Commis-du Secretariat.

HESSE-CASSEL. Mr. *Charles-Léopold de Bauermeister,* major-général, Ministre-Résident.

R. LIGURIENNE. Mr. *A. Mangin,* Consul-général.

PORTE-OTTOM.   Ministre plénipotent.

Mr. *Arjirople,* Chargé d'affaires.

PORTUGAL. Mr. le chevalier *Dominique-An-*

toine *de Souza-Coutinho*, Envoyé extraord. et Ministre plénipotent. 16. Févr. 1803.

Mr. *Lorent de Luna*, Secrétaire de légation.

Mr. *Jean-Charles Lucena*, Consul-génér.

PRUSSE. Mr. le baron *de Jacobi-Kloest*, conseiller-privé, Envoyé extraord. et Ministre plénipotent. 4. Déc. 1799.

Mr. *Balan*, Conseiller de légation.

Mr. *Sebastien Frydag*, Consul.

Mr. *Gièse*, Vice-Consul.

ROME. Mr. *Erskine*, Nonce apostolique.

RUSSIE. Mr. le comte *Simon de Worontzow*, Ambassadeur extraord. et plénipotent. auprès de Lui:

Mr. le prince *de Boriatinsky*, chambellan actuel.

Mr. le baron *de Nicolai*, conseiller de cour et Secrét. d'ambassade.

Mr. *Jean de Smirnowe*, conseiller de cour et Sous-secrétaire.

Mr. *Jaques de Smirnowe*, Aumônier.

Mr. *Alexandre Baxter*, conseiller de cour, Consul-général.

SARDAIGNE. Mr. *Philippe de st. Martin*, comte de *Front*, chambellan, colonel de cavalerie et de dragons, Envoyé extraord. et Ministre plénipot. 8. Sept. 1802.

Mr. *Boyer*, Consul.

SAXE - ELECT. Mr. le comte *Jean - Maurice de Brühl à Martinskirch*, conseiller-privé-actuel, Envoyé extraord.

Mr. *Adam-Théophile Gebhardt*, Secrét. de légation.

SICILE. Mr. le prince *de Castelcicala*, Envoyé extraord. et Ministre plénipotent.

Mr. *François Sastres*, Consul-général.

SUEDE. Mr. le baron *Görian Fr. de Silfverhjelm*, Ministre-Résident, 19. Mai 1802; Envoyé extraord. et Ministre plénipotentiaire, 4. Févr. 1803.

Mr. *Samuël - Nicolas de Casström*, Secrétaire de légatio.

Mr. le M. de Ph. *Brunnmark*, Aumônier.

Mr. le chevalier *Nicolas Grill*, Agent-général de commerce.

WIRTEMBERG. Mr. *Paphlin*, Envoyé, 17. Nov. 1802.

Lubec.

AUTRICHE. Mr. *Jean Kühlmann*, Consul.

DANEMARK. Mr. *Thomas-Fréderic de Jessen*, Résident et Consul.

R. FRANÇAISE. Cit. *Marc - André Souchay*, Agent honoraire en Mars 1802.

MECKLENB. SCHWER. Mr. *Fréderic - Ernest-Auguste Leuenroth*, Agent.

PRUSSE. Mr. *Conrad Platzmann*, Consul.

RUSSIE. Mr. *Alexis de Saposchnikoff*, conseiller de collège, Consul.

SUEDE. Mr. *Adrien V. Pauli*, Agent. (résigné.)

Luques.

R. FRANÇAISE. Cit. *Salicetti*, Envoyé extraord. (à Gênes).

Lyon.

SARDAIGNE. Mr. *Violet*, Agent.

SAXE-GOTHA. Mr. *Robert Perrin*, Agent.

Madère. Isle.

AUTRICHE. Mr. *Daniel-Henri Smith*, Vice-Consul. (à Funchal)

DANEMARK. Mr. *Jaques Ayres*, Agent et Consul.

GR. BRETAGNE. Mr. *Joseph Pringle*, Consul.

SUEDE. Mr. *Thomas Mayrath*, Agent de commerce.

Madrid.

AMERIQUE. Envoyé extraord. et Ministre plénipotent.

Mr. *Jean-Hunter*, Consul-général et Chargé d'affaires, 1802.

Mr. *Jean Graham*, Secrét. de légation.

Mr. *Moïse Young*, Consul.

V. ANSEATIQUES. Mr. *Charles Andreoli*, Ministre - Résident.

AUTRICHE. Mr. le comte du st. Empire Romain *Emméric d'Eltz*, chambellan - actuel, conseiller - privé; Ambassadeur.
  . auprès de Lui:

Mr. *de Sebering*, 1ᵉ. Secrét. d'ambassade.

Mr. *Kandiger*, 2ᵈ. Secrét. d'ambassade.

Mr. le comte *d'Eltz*, capitaine de cavalerie, Chevalier d'honneur.

R. BATAVE. Cit. *G. C. Meyners*, Envoyé extraord. et Ministre plénipotent. 1802. (28,000 Fl. d'appointem.)

Mr. *Valk*, Secrét. de légation.

Mr. *Nieuwerkerke*, Agent de commerce et Chargé d'affaires.

DANEMARK. Mr. le chevalier *Edmond de Bourke*, chambellan, Envoyé extraord. 1802.

Mr. *Chrétien-Jean-Henri Stub*, Secrét de légation, nommé en Juin 1802.

Don *Juan Garcia y Sta. Colomba,*
Agent.

Don *Antonio de Ugarte y Larrazabal,*
Agent - adjoint - survivancier.

E t r u r i e .

R. Fr a n ç a i s e .　Cit. *Beurnonville,* général de
division, Ambassadeur, nommé 16 Sept.
1802.

auprès de Lui:

Cit. *Herrmann,* Secrét. de légation.

Cit. *Félix Desportes,* Secrét. de légation.

Cit. *Vandeuil,* Secrét. de légation.

Cit. *Billoc,* Interprète.

Cit. *Belleville,* Commissaire - général.

Cit. *Salicetti,* Commissaire des relations
commerciales, nommé 1802.

Cit. *Mahelin,* Chancelier et Secrét. du
Commissariat - général.

Gr. Br e t a g n e .　Mr. *Jean Hookham Freere,*
Envoyé extraord. et Ministre plénipotent. nommé en Sept. 1802.

Mr. *Barthélemi Freere*, Secrét. de légation, nommé en Dec. 1802.

Mr. *Jean Hunter*, Consul - général et Chargé d'affaires, Nov. 1802.

R. ITALIENNE. Cit. *Zambeccari*, Envoyé, nommé en Juillet 1802.

R. LIGURIENNE. Cit. *J. C. Serra de Giacomo*, Ministre, nommé 6. Nov. 1802.

PORTUGAL. Mr. le chevalier *Lorent de Lima*, Ambasssadeur,

auprès de Lui: . . . . ,

PRUSSE. Mr. le comte *Jaques - Fréderic de Rehde*, chambellan, Envoyé extraord. et Ministre plénipotent.

Mr. *Scholz*, Secrét. de légation.

ROME. Mgr. le cardinal *Philippe Casoni*, Nonce apostolique.

RUSSIE. Mr. le comte *de Mourawieff*, conseiller - privé, Ministre plénipotentiaire, nommé en Févr. 1802.

Mr. le comte *de Lambert*, Secrétaire de légation.

Mr. *de Yozefowith*, Sous-secrétaire.

SARDAIGNE. Mr. le comte *de Pollon*, Ambassadeur.

auprès de Lui: . . . .

SAXE-ELECT. Mr. Envoyé extraord. et Ministre plénipotent.

Mr. *Jaques-Guillaume Persch*, Secrét. de légation.

SICILE. Mr. le comte *de San-Teodoro*, Ambassadeur extraord. 6. Juillet 1802.

SUEDE. Mr. Ministre plénipotent.

Mr. *Charles-Gustave d'Adlerberg*, chambellan, Chargé d'affaires.

Maiorque.

AUTRICHE. Mr. *Jean-Baptiste Billon*, Vice-Consul.

Mr. *Thomas Dussueil*, Vice-Consul. (à Palme).

R. FRANÇAISE. Cit. *Grasset-le-Sauveur*, Commissaire.

Gr. Bretagne. Mr. *Henri Stanyford Blankley*, Consul pour Maiorque, *Minorque* et *Iviça.*

Sardaigne. Dón *Marzio Bourbon*, Consul.

Malabar.

Autriche. Mr. *Mardoch Brown*, Consul-général.

R. Française. Cit. *Court*, Commissaire pour la navigation.

Malaga.

Amerique. Mr. *Guillaume Kirkpatrick*, Consul, 1800.

V. Anseat. Mr. *Henri-Menno Meyer*, Consul.

Autriche. Mr. *François de la Sala*, Vice-Consul.

R. Batave. Cit. *Nicolas-Louis Koops*, Consul.

Danemark. Mr. *Joseph Hoppe*, Vice-Consul.

R. Française. Cit. *Louis Mornard*, Commissaire.

Gr. Bretagne. Mr. W. Douglas Brodie, Consul.

R. Ligurienne. Cit. Barthélemi Ferrari, Consul.

Portugal. Don Juan-Franc. de Paabander, Consul-général en Murcie.

Don Antonio-Maria Bazo e Berry, Consul.

Prusse. Mr. Jean Roose, Consul-général pour toute la côte de Grenade.

R. Raguse. Mr. Thomas Gaszino, Consul.

Rome. Don Guillermo-Francesco Terry, Consul.

Sicile. Don Francesco-Gonzalez de la Sala, Consul.

Suede. Mr. C. F. Wuerster, Agent de commerce.

Malte.

Amerique. Mr. Joseph Pelis, Consul.

R. Batave. Cit. I. Fremeaux, Consul.

DANEMARK. Mr. *Formosa de Fremeaux*, Vice-Consul.

ESPAGNE. Don *Ignacio Baili d'Argote*, Chargé d'affaires.

R. FRANÇAISE. Cit. *Vial*, général de brigade, Ministre plénipotent. nommé en Juin 1802.

Cit. *David*, Secrét. de légation.

Cit. *Caruson*, Sous-Commissaire.

GR. BRETAGNE. Sir *Alexander John Ball*, Ministre plénipotent.

Mr. *Perkins Magra*, Consul.

Manfredonia.

AUTRICHE. Don *Mariano Ruggieri*, Consul.

Maroc.

AMERIQUE. Mr. *Jaques Simpson*, Consul, 1802.

R. BATAVE. Cit. *Webster Blount*, Consul-général.

Cit. *Subremont*, Agent commercial; comme aussi pour Salé.

DANEMARK. Mr. *Pierre Kofod Schousboe*, assesseur, Consul, nommé en Déc. 1800.

ESPAGNE. Don *Antonio Gonzalez Salmon*,
Consul-général et Chargé d'affaires.

R. FRANÇAISE. Cit. *Dominique-Charles-Antoi-
ne Fournel*, Secrét. et Interprète auprès du Commissariat-général.

GR. BRETAGNE. Mr. *Jean-Maria Matra*,
Consul.

PORTUGAL. Don *Jorge-Pedro Callaço*, Consul-général pour Maroc, *Miquenez* et
Fez.

SUEDE. Mr. le chevalier *Wyk*, Agent-général.

Marseille.

AMERIQUE. Mr. *Etienne Cathalan*, Agent de
commerce.

AUTRICHE. Mr *Jean-Jaques Kick*, Consul.

R BATAVE. Cit. *C. Niel*, Commissaire.

DANEMARK. Mr. *Jean-Rudolphe Tietgens*,
Agent et Commissaire.

Mr. *H. N. Hornbostel*, Consul.

ESPAGNE. Don *Juan de la Plaza*, Commissaire

Don *José Cabanellas*, Vice-commissaire.

ETRURIE. Don *Tommasini*, Commissaire.

GRANDE-BRET.

R. HELVET. Cit. *Perdonnet*, fils, Commissaire.

PORTUGAL.

PRUSSE. Mr. *Sauvage*, Agent de commerce.

RAGUSE. Mr. *Christich*, Commissaire.

RUSSIE. Mr. *Lor*, Agent de commerce.

SICILE.

SUEDE. Mr. *François - Philippe Fölsch*, Agent - général de commerce.

Mascate en Arabie.

R. FRANÇAISE. Cit. *Cavaignac*, Résident et Commissaire des rel. commerc.

RUSSIE. Mr. *de Kowalenskoi*, conseiller de collége, Chargé d'affaires.

Mataro en Catalogne.

AUTRICHE. Mr. *Felix Giberi*, Consul.

Mayence.

DANEMARK. Mr. *Georges Rotwitt*, Agent.

Mèmel.

DANEMARK. Mr. *Lorent Lorck*, Consul.

GR. BRETAGNE. Mr. *Louis Drusina*, Consul.

RUSSIE. Mr. *de Trentovius*, Consul.

SUEDE. Mr. *Jean Lembke*, Agent de commerce.

Mergentheim.

R. FRANÇAISE. Cit. *Champagny*, conseiller d'état, Ministre plénipotentiaire près le Grand - maître de l'Ordre Teutonique, 9. Dec. 1802. (à Vienne).

O

Messine.

AUTRICHE. Mr. *Georges Caglia*, Vice-consul.

R. FRANÇAISE. Cit. *Ribaud*, Chargé d'affaires.

Cit. *Felix*, Sous - Commissaire.

GR. BRETAGNE. Mr. *Jaques Tough*, Consul.

RUSSIE. Mr. *Dote*, Consul - général en Sicile.

Middelbourg.

SUEDE. Mr. *Jean Schöström*, Agent de commerce.

Milan.

AUTRICHE. Mr. le comte *l'Andriani*, Envoyé, 1802.

ESPAGNE. Mr. le chevalier *d'Orozco*, Ministre. (à Florence).

Mr. *Louis - Martinez de Viergol*, Secrét. de légation.

R. FRANÇAISE. Cit. *Boudar*, Commissaire d. r. commerce.

R. HELVET. Cit. *Taglioretti*, Chargé d'affaires.

R. LIGURIENNE. Cit. *Balbi*, Ministre plénipotent.

SARDAIGNE. Mr. le chevalier *Borghese*, Ministre plénipotent.

SICILE. Mr. le Marquis *Marzio Mastrilli de Gallo*, chambellan, Ambassadeur (à Paris) 5. Déc. 1802.

auprès de Lui : .....

SUEDE. Mr. *Jean - Nicolas Lagersvärd*, Chargé d'affaires près les états d'Italie.

Minorque.

AUTRICHE. Mr. *Joseph-Jerôme della Malta*, Vice - Consul. (à Port - Maon).

DANEMARK. Mr. *Jaques Uhler*, Vice - Consul. (à Port - Maon).

Gr. BRETAGNE. cf. *Maiorque*.

Montpellier.

Voyez *Cette*.

Morée.

PRUSSE. Mr. *Paul*, Consul.
RUSSIE. Mr. *de Mintschaki*, assesseur, Consul - général.

Morlaix.

AUTRICHE. Mr. *Armand-Joseph Dubernad*, Consul.

Moscovie.

SUEDE. Mr. *Charles Sundler,* Commissaire de commerce.

Mühlhausen.

DANEMARK. Mr. *Chrétien Lutterroth,* Agent.
Mr. *Ascane-Guillaume Lutterroth,* Agent.

HESSE - CASSEL. *Henri-Conrad Unverzagt,* Résident.

Munich.

AUGSBOURG. Mr. le licencié *Jean - Gérard Fasmann,* Agent.

AUTRICHE. Mr. le baron du st. Empire-Romain *Charles-Rudolphe de Buol-Schauenstein,* conseiller-privé, Ministre plénipotentiaire, 27. Nov. 1801. (de même près les autres états des cercles de Bavière et de Souabe).

Mr. *Charles - Gilles de Fahnen-berg*, Commissaire de légation.

Mr. *de Dolle*, Secrétaire de légation.

BADE. Mr. le baron *Louis d'Edelsheim*, conseiller privé, Ministre plénipotentiaire.

R. FRANÇAISE. Cit. *Etienne Laforêt*, Ministre plénipotentiaire, 12. Avril 1802. (à Ratisbonne).

Cit. *Alexandre Marandet*, 1'. Secrétaire de légation.

Cit. *St. Genêt*, 2ᵈ. Secrétaire de légat.

GR. BRETAGNE. Mr. *Francis Drake*, Envoyé extraordinaire et Ministre plénipotentiaire, nommé en Juill. 1802.

Mr. *Charles Oakley*, Secrétaire de légation.

HANOVRE. Mr. *Thierri - Henri - Louis d'Ompteda*, conseiller-privé de légation, Ministre plénipotentiaire. (à Ratisbonne).

ORDRE - TEUTON. Mr. le comte *d'Arco*, Envoyé, en Mai 1801.

PRUSSE. Mr. *de Schladen*, chambellan, Ministre plénipotentiaire désigné.

Mr. *de Harnier*, conseiller de légation, Résident.

RUSSIE. Mr. le baron *de Bühler*, conseiller-privé, Envoyé extraordinaire et Ministre plénipotentiaire. (à Ratisbonne).

Mr. *de Struve*, Conseiller de légation.

Mr. *de Bakourinskoy*, assesseur et Sous-secrétaire.

SAXE - ELECT. Mr. le comte *Charles d'Einsiedel*, chambellan, Envoyé extraordinaire, 13. Avril 1802.

Mr. *Fréderic - Bernard - François Biedermann*, Secrétaire de légation.

Nantes.

MERIQUE. Mr. *Thomas F. Gantt*, Agent commercial.

UTRICHE. Mr. *Jean - Henri de Wilfersheim*, Consul - général.

. BATAVE. Cit. *Odiette*, Commissaire.
Cit. *van Heynen*, Commissaire de la navigation batave.

)ANEMARK. Mr. *Joachim - Janson Möller*, Commissaire.

SPAGNE. Don *Luiz de Landaluze*, Commissaire.

. HELVET. Cit. *Favre*, Commissaire.

RUSSE. Mr. *Pelloutier*, Agent de commerce.

UEDE. Mr. *Henri - Théodor Ferber*, Agent de commerce.

Naples.

MERIQUE. Mr. *Jean Matthieu*, Consul.

UTRICHE. Mr. le comte *François d'Es-*

terhazy de Galantha, conseiller privé-
actuel et chambellan, Ambassadeur.
auprès de Lui :

Mr. le baron *Cresceri*, Secrétaire
d'ambassade.

Mr. *Bonachi*, *Consul* - général.

Mr. *Alois Raymond*, Consul.

Dᴀɴᴇᴍᴀʀᴋ. Mr. *Armand de Schubart*,
chambellan, Envoyé extraordinaire,
nommé en Juin 1801. (Intendant-
général des affaires commerciales,
nommé 9. Mars 1802).

Mr. le baron *Chrétien - Conrad de
Bülow*, Chargé d'affaires.

Mr. *Reichel*, conseiller, Secrétaire
de légation.

Mr. *Frédéric de Brockenhuus*, chambellan, Attaché.

Mr. *Chrétien* *Heigelin*, Consul pour
les ports des Deux - Siciles.

Eꜱᴘᴀɢɴᴇ. Mr. le marquis *de Moz*, Ambas-

sadeur extraordinaire. 24. Août 1802.
auprès de Lui:

Mr. le chevalier *de Gomez*, Secrét.
de légation.

Mr. *Antoine *Marquez*, Consul.

R. FRANÇAISE. Cit. *Charles - Jean - Marie Alquier*, Ambassadeur, 18. Mai 1801. auprès de Lui:

Cit. *Lefevre*, Secrétaire d'ambassade.

Cit. *le Blanc*, *Commissaire - général des rel. commerce.

Cit. *Jean-Etienne Framery*, Sous-Commissaire et Chancelier du Commissariat-gén. nommé en Mai 1801.

GR. BRETAGNE. Sir *Hugh Elliot*, Envoyé extraordinaire et Ministre plénipotentiaire, nommé en Janv. 1803. (Ci-devant à D resde.

Mr. *Guillaume A'Court*, Secrétaire de légation.

Mr. *Charles *Lock*, Consul.

Mr. *Daniel Boomester*, Consul.

PORTUGAL. Don *José de Sà Pereira*, Envoyé extraordinaire et Ministre plénipotentiaire. (absent).

Don *José-Agostino de Sousa*, Chargé d'affaires.

PRUSSE. Mr. *Santi*, Agent.

RUSSIE. Mr. *Dimitri de Tatischtscheff*, conseiller-privé, Ministre plénipotentiaire, nommé en Août 1802.

Mr. *de Leontyeff*, conseiller d'état.

Mr. *de Swetschin*, conseiller de légation.

Mr. *de Boulgakoff*, Sous-secrétaire.

Mr. *de Pini*, Sous-secrétaire.

Mr. *de Becker*, conseiller d'état, Consul-général.

Mr. *de Youlinetz*, Secrétaire.

SARDAIGNE. Mr. *de Bonelli*, Chargé d'affaires.

SUEDE. Mr. *Bernard Krafft*, Agent de commerce.

Naples *de Romanie.*

R. FRANÇAISE. Cit. *Possac, - de - Génas,* Sous - Commissaire des r. c.

Narva, *en Esthonie.*

SUEDE. Mr. *Alexandre Ouchterlong*, Consul.

Naxie *en Archipel.*

AUTRICHE. Mr. le comte *de Rumpf*, Vice - Consul.

Neufchatel.

PRUSSE. Mr. le baron *de Sandoz - Rollin*, Ministre 1802.

Neu-Orléans *en Lousiane.*

AMERIQUE. Mr. *Daniel Clark*, Consul. Mr. *Guillaume E. Huling*, Vice-Consul.

Neu - York *(Isle - Longue)*.

R. FRANÇAISE. Cit. *Barbé*, Commissaire
d. r. comm. nommé en Nov. 1802.

GR. BRETAGNE. Sir *Thomas Barclay*, Bret.
Consul - général pour l'Orient des
états - unis.

SUEDE. Mr. *Henri Fahn*, Agent de commerce.

Newport.

R. FRANÇAISE. Cit. *Lequineo*, Sous-Commissaire des rel. commerc. nommé
en Déc. 1801.

GR. BRETAGNE. Mr. *Moore*, Consul pour
Rode - Isle.

Nice.

AUTRICHE. Mr. *Joseph de Negri*, Consul
pour Nice et Villefranche.

R. BATAVE. Cit. *Leprandi*, Consul.

DANEMARK. Mr. *Jean - Gabriel Ruchet*, Commissaire.

ESPAGNE. Mr. *E. Ecg*, Commissaire. Mr. *Jean Béhic*, Commissaire.

GR. BRETAGNE. Mr. *N. Green*, Consul.

R. LIGURIENNE. Cit. *Belviso*, Commissaire.

Norfolk en Virginie.

GR. BRETAGNE. Mr. *Jean Hamilton*, Consul.

Nuremberg.

AMERIQUE. Mr. *Philippe Mark*, Consul.

AUTRICHE. Mr. le comte *Joseph de Schlick*, Ministre plénipotent. près les cercles de Franconie et du Haut-Rhin. Mr. *de Mölk*, Secrét. de légation. Mr. *de Bühler*, Commissaire de légation.

BAVIERE. Mr. le baron d'Empire *Jean-Népomucene de Tautphäus*, Ministre plénipotentiaire près le cercle de Franconie.

HESSE - CASSEL. Mr.

Envoyé près le C. de Franconie.

Mr. *Jean - Georges - Henri Heu-senstamm*, Commis - au - bureau.

ORDRE - TEUT. Mr. *Jaques - Marie - Joseph de Kleudgen*, Envoyé près l. C. de Franc.

Mr. *Leonard Prohaska*, Secrét. de légation.

PRUSSE. Mr. *Haenlein*, vice - président de la chambre des domaines d'Anspach, Ministre Directorial un Cercle de Franc.

Mr. *Louis Schubart*, Secrétaire de légation.

SAXE - ELECT. Mr. le baron *de Türk-heim*, conseiller - privé, Envoyé au Cercle.

Mr. *Théophile Koscher*, Agent.

SAXE - COBOURG - MEININGEN.

SAXE - COBOURG - SAALFELD. Mr. *J. Erard Strobel*, conseiller de cour et de légation, Agent.

SAXE-GOTHA. le même, Agent de guerre.

SAXE - WEIMAR. le même, Secrétaire du cercle et Agent.

Oléron. Isle. (*Charente inf.*)

PRUSSE. Mr. *Touchon*, Sous - Agent commercial.

Oporto.

AUTRICHE. Mr. *Nicolas Köpke*, Vice-Consul.

R. FRANÇAISE. Cit. *Guinnebaut*, Commissaire, nommé en Nov. 1801.

GR. BRETAGNE. Mr.
Consul.

HAMBOURG. Mr. *Joachim Köpke*, Agent.

R. LIGURIENNE. Mr. *Louis Gregorio*, Consul.

RUSSIE. Mr. *Pierre Vanzeller*, Consul.

l'Orient.

R. BATAVE.　Cit. *J. Valz*, Commissaire.

DANEMARK.

PRUSSE.　Mr. *Meyer*, Agent de commerce à l'Orient et pour la côte de *Vannes à Quimper*,

Ostende.

AMERIQUE.　Mr. *François L. Taney*, Agent. de commerce.

R. BATAVE.　Cit. *G. Gregorie*, Commissaire pour *Ostende*, *Bruges*, *Yand* et *Nieuport.*

DANEMARK.

RUSSIE.　Mr. *Facius*, conseiller de collège, Consul - général.

SUEDE.　Mr. *G. Josias Smets*, Agent de commerce.

Otrante.

RUSSIE. Mr. *de Nikotzo*, assesseur, Consul.

Palerme.

AUTRICHE. Mr. *Mathieu Novatzky*, Consul.

ESPAGNE. Don *Guillermo Dotto*, Consul.

R. FRANÇAISE. Cit. *Marsson*, Commissaire des relat. commerc.

SARDAIGNE. Mr. *Raisaud*, Consul.

Paris.

AMÉRIQUE. Mr. *Robert R. Livingston*, Ministre plénipotentiaire. 6. Déc. 1801. (9000 écus d'appointemens).

Mr. *Thomas Sumter*, le jeune, Secrétaire de légation. (1350 écus d'appoint).

Mr. *Fulward Skipwith*, Agent-général de commerce.

ARCHICHANCELIER. Mr. le baron *de Beust*,
    Ministre plénipotentiaire. 7. Octob.
    1802.

AUTRICHE. Mr. le comte *Jean - Philippe*
    de Cobenzl, chevalier, grand-croix,
    chambellan, conseiller - privé - ac-
    tuel, et ministre d'état et de con-
    férences; Ambassadeur. 4. Septemb.
    1801.

auprès de Lui:

Mr. *Kruthofer*, Secrétaire d'ambass.

Mr. *de Hope*, Conseiller de légation.

Mr. *Lefevre de Rechtenburg*, Commissaire d'ambassade.

Mr. *de Reut*, Commissaire de légation.

BADE. Mr. le baron *Sigismond - Charles-
Jean de Reizenstein*, conseiller-
privé, Ministre plénipotentiaire.

R. BATAVE. Cit. *C. de Vos van Steenwyk*,
Ambassadeur et Ministre plénipo-

tentiaire. 15. Nov. 1802. (60,000 Flor. d'appoint.)

auprès de Lui:

Cit. *Smits*, Chargé d'affaires.

Cit. *van Mey*, Secrétaire de légation

AVIERE. Mr. *Antoine de Cetto*, conseiller - privé, Envoyé extraordinaire et Ministre plénipotentiaire. 24. Sept. 1801.

Mr. *Burkard*, Conseiller de légation.

DANEMARK. Mr. le chevalier *Christophe-Guillaume de Dreyer*, conseiller-privé, Envoyé extraordinaire et Ministre plénipotentiaire.

Mr. le capitaine *Alexandre - Henri Guillaumot*, Secrétaire de légation.

Mr. *Chrétien - Georges - Guillaume Görike*, Aumônier.

Mr. *Henri de Framery*, Interprète.

* *

Mr. *Classen*, Commissaire - général des rel. commerc.

ESPAGNE. Mr. le chevalier *J. Nicolas de Azara*, Ambassadeur. Item. Ministre plénipot. près le Président de la République Italienne, 23. Sept. 1802.

auprès de Lui:

Mr. le chevalier *Sant - Ivanis*, Secrétaire d'ambassade.

Mr. Ferdinand *de la Serna*, Commissaire et Agent - général.

ETRURIE. Mr. le chevalier *André Serristori*, Ministre plénipotentiaire. 5. Janv. 1802.

GR. BRETAGNE. Lord *Charles Whitworth*, Ambassadeur extraordinaire et Ministre plénipotent. 5. Déc, 1802.

auprès de Lui:

Mr. *Jaques Talbot*, premier Secrétaire d'ambassade.

Mr. *Clear*, second Secrét. d'ambass.

Mr. *Mandeville*, troisième Secrét. d'ambass.

Mr. le colonel *Fréderic Whitworth*, Chevalier d'honneur.

Mr. *J. Benjafield*, Secrétaire particulier.

Mr. *Pierrepont*, Secrétaire particulier.

Mr. le chapelain *Lodgenson*, Aumônier.

Mr. *Maclaurin*, Médecin ordinaire.

R. HELVETIQUE Cit. *P. A. Stapfer*, Ministre plénipotent. 3. Août. 1802.

Cit. *Boizot*, Secrétaire de légation.

Cit. *de Malsburg*, conseiller - privé, Envoyé désigné 1803.

HESSE - CASSEL. Mr. *de Starkloff*, conseiller de légation, Chargé d'affaires, en Nov. 1802.

Mr. *Henri-Thomas Karcher*, Agent.

HESSE - DARMSTADT. Mr. le baron *Auguste - Guillaume de Pappenheim*,

Ministre plénipotentiaire en Avril 1800.

R. ITALIENNE. Cit. *J. Marescalchi*, Envoyé et Ministre des relations extérieures de la République Ital.

R. LIGURIENNE. Mr. *Serra*, Envoyé. extr. Mr. *Ferreri d'Alassio*, Ministre plénipot. 5. Déc. 1802.

R. S. MARINO. Mr. *Apostoli*, Député extraordinaire. 5. Déc. 1802.

MECKLENBOURG.

NASSAU - USINGEN. Mr. *Fabricius*, conseiller de légation, Chargé d'affaires.

ORDRE. TEUT.

PORTE - OTTOM. *Esseid-Mahomed-Said Ghalib - Effendi*, Secrétaire - privé-actuel et Directeur des affaires étrangères, Ambassadeur, 4. Juin. 1802.

auprès de Lui: ......

PORTUGAL. Don *Jose - Maria de Souza-*

Bottelho, Envoyé extraordinaire et Ministre plénipotentiaire. 16. Juillet 1802.

PRUSSE. Mr. le marquis *Jerôme de Lucchesine*, Ministre d'état actuel; Envoyé extraordinaire depuis 8. Nov. 1800, Ministre plénipotentiaire depuis. 23. Sept. 1802.

Mr. *Roux*, Conseiller de légation.

Mr. le baron *d'Eckardtstein*, Conseiller de légation.

Mr. *Perregaux**, Agent* - général de commerce.

Mr. *Cetto*, Agent de commerce.

Mr. *Henry*, Conseiller de commerce.

ROME. Mgr. le cardinal *Jean - Baptiste Caprara*, Légat a latere du souverain Pontife, nommé 24. Août 1801.

auprès de Lui:

Sig. *Junior*, premier Maître d'hôtel.

Sig. *Spina*, Chargé d'affaires.

RUSSIE. Mr. le comte *Arcadi de Morkoff*, Conseiller - privé - actuel, Ministre plénipot. 5. Avril 1802.

Mr. le chevalier *d'Oubri*, Conseiller de légation.

Mr. le comte *de Pahlen*, Attaché à la mission.

Mr. *de Magnitsky*, Sous - secrétaire.

Mr. *Baicoff*, Sous - secrétaire.

SAXE - ELECT. Mr. le comte *Rudolphe de Bünau*, Conseiller - privé, Ministre plénipotentiaire. 24. Sept. 1801.

Mr. *Charles - Emmanuel - Joseph Rivière*, Secrétaire de légation.

SICILE. Mr. *Marzio Mastrilli*, marquis *de Gallo*, chambellan, Ambassadeur extraordinaire. (de même auprès du Président de la Rép. Italienne, 5. Déc. 1802).

auprès de Lui: ....

SUEDE. Mr. le baron *Charles - Auguste d'Ehrensvärd*, général - major, Envoyé extraordinaire et Ministre plénipotent. 5. Août. 1801.

Mr. *Fréderic de Reutersvärd*, major, Secrétaire de légation.

Mr. le professeur *de Fr. C. Bäer*, Aumônier.

Mr. *Elof Seigneul*, Agent - général de commerce.

TUNIS. Mr. *Sidi - Mustapha Arucut*, Envoyé, 28. Nov. 1802.

WIRTEMBERG. Mr. le baron *de Steube*, Ministre plénipotent. 3. Août. 1801.

Parme.

ESPAGNE. Mr. *Jerôme de la Grua*, Ministre plénipotentiaire.

Mr. *Joseph de Senra*, Secrétaire de légation.

Patras en Morée.

AUTRICHE. Mr *Georges Paul*, Vice - Consul.

GR. BRETAGNE. Sir *Nicolas Strane*, Consul.

Pernau en Livonie.

PRUSSE. Mr. *Saringhausen*, Consul.

Perse.

RUSSIE. Mr. *de Skabinefsky*, Conseiller de cour, Consul - général.

Mr. *de Potapoff*, Secrétaire.

Pesaro (Etat ecclés.)

AUTRICHE. Mr. *Dominique Mancini*, Consul.

s. *Pétersbourg.*

AUTRICHE. Mr. le comte de l'Empire *Jean - Philippe de Stadion - Thann-*

hausen, chambellan actuel, Ambassadeur. 1803. (ci-devant Envoyé à Berlin, depuis 1801 — 31. Janv. 1803).

auprès de Lui:

Mr. *de Hudelist*, Secrétaire d'ambassade et Chargé d'affaires.

Mr. *Bernard* noble *de Pelser*, Conseiller d'ambassade.

Mr. le baron *de Wessenberg*, Conseiller d'ambassade.

Mr. *Sedezki*, Secrétaire d'ambassade.

Mr. *Hyacinthe Viazzoli*, Consul-général.

V. ANSEAT. Mr. *Jean Georges Wiggers*, Agent.

R. BATAVE. Cit. *W. Buys*, Envoyé extraordinaire et Ministre plénipotent. (30,000 Flor. d'appointemens).

Cit. *Soldaen*, Secrétaire de légation.

Cit. *J. Bagge*, Consul.

BAVIERE. Mr. le baron *de Posch*, Envoyé

extraordinaire et Ministre plénipotentiaire en Févr. 1802.

DANEMARK. Mr. le baron *Niels de Ro-
senkranz*, chevalier, chambellan et
aide-de-camp, Envoyé extraord. et
Ministre plénipotentiaire 1802.

Mr. le comte *Nicolas - Fréderic de
Luckner*, Secrétaire de légation.

Mr. *Iver Winfeld Buch*, conseiller d'état, Agent de la cour.

Mr. *Henri Meese*, Consul.

ESPAGNE. Mr. le comte *de Noronha*, Ministre plénipotent. 6. Sept. 1802.

Mr. *d'Onis*, Secrétaire de légation.

Mr. le chevalier *Antoine de Co-
lombi*, Consul - général.

ETRURIE, voy. Autriche.

R. FRANÇAISE. Cit. *Hédouville*, général
de division, Envoyé extraordinaire
et Ministre plénipotentiaire. 11.
Avril 1802.

Cit. le colonel *Caulincourt*, Chargé d'affaires.

Cit. *Chateau Giron*, 1ʳ. Secrétaire de légation.

Cit. *Maximilien-Gérard Rayneval*, 2ᵈ. Secrétaire de légation.

Cit. *Talleyrand*, (à Vienne) Secrétaire de légation désigné.

Cit. *Barthélemi Lesseps*, Commissaire - général des relations commerciales.

Cit. *Ruffin*, Sous - Commissaire.

R. BRETAGNE. Sir *John Borlase Warren*, amiral, Ambassadeur, 1802.

auprès de Lui :

Sir *Benjamin Garlike*, Secrétaire d'ambassade.

Sir *Etienne Schairb*, Consul - général pour la Moscovie.

IANOVRE. Mr. le comte *Ernest-Fréderic-Herbert de Münster*, conseiller de la chambre des domaines, Envoyé

extraordinaire et Ministre plénipotentiaire. 1801.

Mr. *Georges Tatter*, Secrétaire de
légation.

PORTUGAL. Mr. le chevalier *Antoine
d'Araûjo d'Azevedo*, Envoyé extraordinaire et Ministre plénipotentiaire. 1802.

PRUSSE. Mr. le comte *de Golz*, conseiller-
privé, Envoyé extraordinaire et Ministre plénipotent. 1802.

Mr. *Weguelin*, Conseiller de légat.

Mr. *Hofbauer*, Consul.

Mr. *Mahs*, Vice - Consul.

ROME. Mgr. *Arezzo*, archévêque de Sé-
leucie, Ambassadeur extraordinaire.
1802.

auprès de Lui: . . . .,. .

SARDAIGNE. Mr. le chevalier *Joseph-Mais-
tre*, Envoyé extraordinaire, nommé
en Janv. 1803.

SAXE - ELECT. Mr. le comte *Fréderic-Al-*

bert *de Schulenburg - Closterroda*, chambellan, Ministre plénipotent. (ci-devant à Copenhague).

Mr. *Charles - Fréderic Rosenzweig*, Secrétaire de légation.

ƎAXE - WEIMAR. Mr. *Jean - Christophe Krieger*, Agent de la cour.

ЭICILE. Mr. le duc *de Serra - Capriola*, Ministre plénipotentiaire.

Mr. *Scotti*, Secrétaire de légation.

ƲEDE. Mr. le baron *Louis - Bogesl - Court de Stedingk*, lieutenant - général, chambellan et chevalier, Ambassadeur extraordinaire. (absent. par congé).

auprès de Lui:

Mr. le baron *de Bondé*, premier Gentilhomme de la chambre, Chargé d'affaires par intérim, 13. Janv. 1803.

Mr. *Georges Jennings*, Secrétaire d'ambassade.

Mr. *Netzel*, Secrétaire d'ambassade.

Mr. l'enseigne *Sundberg*, Secrétaire-Interprète.

Mr. le chevalier *Balthasar Schenbom*, Agent - général de commerce.

WIRTEMBERG. Mr. le baron *de Nicolai*, lieutenant - général, Envoyé extraordinaire et Ministre plénipotent. 1801.

Philadelphie.

R. FRANÇAISE. Cit. *Fauvelet*, Commissaire des relat. commerç. 1802.

Cit. *Florent Guyot*, Sous - Commiss.

GR. BRETAGNE. Sir *Phineas Bond*, Consul-général pour les états au milieu et vers le midi.

PORTUGAL. Mr. *Ignace Palyart*, Consul-général.

SUEDE. Mr. *Richard Söderström*, Agent-général de commerce.

Plimouth.

AMERIQUE. Mr. *J. Hawker*, Vice - Consul, 1801.

Poole.

AMERIQUE. Mr. *Thomas Auldjo*, Vice-Consul,

Port-au-Prince.

MERIQUE. Mr. *Robert Ritchie*, Consul.

Port-Maurice.

R. FRANÇAISE. Cit. *Vianelli*, Sous - Commissaire.

Porto-Ferrajo.

AUTRICHE. Mr. *Joseph Coppi*, Vice-Consul.

Porto-Longone.

Espagne. Don *Antonio Messina*, Consul.

Portsmouth en *Nouv. Hampshire.*

R. Française. Cit. *Cazeaux*, Sous-Commissaire.

Raguse.

Autriche. Mr. *Millechich*, Consul.

R. Française. Cit. *Bruère*, Commissaire-général et Chargé d'affaires.

Cit. *Bruère*, fils, Sous-Commissaire.

Russie. Mr. *de Fonton*, Conseiller de cour, Consul-général pour *Raguse*, *Dalmatie* et Golfe de *Caffaro.*

Mr. *de Palladoklis*, Secrétaire.

Ratisbonne.

Note. La Diète générale de l'Empire a pris le 2 Octob. 1801 une résolution sur le mode d'après lequel les états de l'Empire doivent co-opérer à la terminaison définitive de la paix.

Le *Conclusum* du collège des Princes a été adopté pour en servir de base. Il porte en substance: „1. Que les états de l'Empire exerceront par une *Députation extraordinaire* leur droit de cooperation à l'arrangement particulier, réservé par le traité de „Luneville, pour l'exécution des articles V et VII de ce „traité; 2. Que cette députation sera composée de huit mem-„bres; 3. Que les états, qui doivent former cette députation „seront *Mayence, Saxe, Bohême, Brandebourg, l'Ordre - Teu-*„*tonique, Wirtemberg, Bavière et Hesse-Cassel;* 4. Que l'on „garantira d'une manière formelle aux prélats et comtes de „l'Empire et au collège des villes libres le droit qu'ils ont de „participer à la députation; 5. Qu'il sera conféré à cette der-„ière des pouvoirs illimités; 6. Que ladite députation aura „articulièrement égard aux négociations de Rastadt et les „rendra pour base de son travail et 7. Qu'elle soumettra à „a ratification de S. M. I. et de l'Empire le résultat de ses „opérations."

L'on sait que par la suite quelques considérations impor-„ntes „ont fait penser à S. M. l'Empereur de Russie et au „premier Consul de la République Française, qu'il con-„venait à deux Puissances parfaitement désinteressées de pré-„senter leur *méditation* et qu'un Plan général d'indemnisation, „gné le 16 Juillet 1802 (18 Thermidor X.) par le vice-chan-„ier Prince de *Kourakin* et le Citoyen *Talleyrand,* Ministre „es relations extérieures, a été porté à la dictature le 25 „oût 1802.

DÉPUTATION
EXTRAORDINAIRE DE L'EMPIRE

ouv. 24. Août 1802.

Plénipotentiaire impérial:

Mr. le baron d'Empire *Jean-Alois-Joseph de Hügel*, conseiller-privé actuel, Co-commissaire.

Chancellerie:

Mr. le baron *Joseph-de Kalkhoff*, Secrétaire de la commission principale.

Mr. de *Weckbecker*.

Mr. le chevalier *d'Itruby*.

Mr. de *Merlani*.

Subdélégués:

MAYENCE. Mr. le baron *François-Joseph d'Albini*, ministre d'état, Envoyé principal
Direct. député, et directorial de l'Empire.

Mr. *Jean-Nicolas Herrlein*, conseiller de la cour, Secrétaire de légation et subdél. au protocole.

Mr. *Krämer*, Secrétaire-privé et subdél. à la dictature.

Mr. *Cämmerer*, conseiller, Régistrateur
de légation; à la dictature.

Mr. *Bartels*, *Herrlein* et *Wolf*, mem-
bres de la Chancellerie de légation.

BOHEME. Mr. *François-Albin de Schraut*, con-
seiller-aulique.

Mr. *Labhart*, Secrétaire de légation.

Mr. *Hessler*, Commis du Secrétariat.
(Kanzellist).

SAXE. Mr. *Jean-Ernest de Globig*, conseiller-
privé, Ministre plénipotentiaire.

Mr. *Théodore-Charles Mirus*, Secrét.
de légation.

Mr. *Jean-Gaspar Wirsing*, Secrét.
de légation.

Mr. *Georges-Samuel Mirus*, Commis-
du-Secrétariat.

BRANDEBOURG. Mr. le comte *Jean-Eustà-
che de Schlitz*, dit *Goerz*, ministre d'é-

tat actuel et grand-maître de la garderobe, Ministre plénipotentiaire.

Mr. *Conrad - Sigismond - Charles de Hänlein*, Vice-président de la chambre à Anspach.

Mr. *Charles - Philippe Kaufmann*, conseiller de légation, Secrét. subdélégue.

Mr. *Lampert*, secrétaire de la chambre.

Mr. *de Zimmermann.*

Mr. *Hedenus*, Chanceliste. (?)

BAVIERE. Mr. le baron *Alois - François - Xavier* de *Rechberg* et *Rothenlöwen*, chambellan et conseiller-privé actuel Envoye à la diète.

Mr. *Conrad - Alois Bauer*; Secrétaire de légation et subdél.

Mr. *de Kleber*, Secrétaire de légation et subdél.

Mr. *Poschinger*, Chanceliste.

ORDRE TEUTON. Mr. le baron *Charles - Philippe - Ernest de Nordegg à Rabenau*, commandeur.

Mr. *Handel*, conseiller de cour et de régence et Conseiller de légation.

Mr. *Wohlfart*, Secrét. subdélégué.

Mr. *Fuchshuber* et *Filzer*, Chancelistes.

WIRTEMBERG. Mr. le baron *Philippe-Chrétien de Normann*, conseiller-privé actuel et vice-président de la régence.

Mr. *Reuss*, conseiller de régence et de légation.

Mr. le baron *de Seckendorf*, conseiller de légation et gentilhomme de la chambre, Secrét. subdél.

Mr. le comte *de Winzingerode*, gentilhomme de la chambre, Secrét. subdél.

Mr. *Kaufmann*, Secrét. de légation et subdél.

Mr. *Lohbauer*, Sécrétaire de régence, Chanceliste.

Mr. *Bayer*, Chanceliste.

HESSE - CASSEL. Mr. *Philippe - Maximilien de Günderrode*, conseiller-privé et Envoyé près la Diète.

Mr. *Georges - Ferdinand de Lepel*, conseiller de légation et Secrétaire subdélégué.

Mr. *Jean - Léonard Götz*, Régistrateur.

Mr. *Philippe - Louis Götz*, Chanceliste.

MINISTRES DES PUISSANCES MEDIATRICES.

Cit. *Laforêt*, Envoyé extraord. et Ministre plénipotent. de la République Française près la Diète de l'Empire.

Cit. *Matthieu*, du départem. des affaires étrangères.

Cit. *Alexandre Marandet*, Sécrét. de légat.

Cit. *St. Genet*, Attaché à la mission.

Mr. le baron *de Bühler*, Envoyé extraord. et Ministre plénipot. de S. M. l'Empereur de toutes les Russies.

Mr. *de Klüpfeld*, conseiller d'état, Ministre-Résident.

Mr. *de Koch*, assesseur, Secrét. de légation.

Mr. le baron *de Benkendorf*, Chevalier d'honneur.

AUPRES DE LA DIETE GENERALE.

Commission principale Impériale.

Mr. le prince du st. Empire Romain Charles - Alexandre de Tour et Taxis, conseiller-privé actuel, Commissaire principal 1797.

Mr. le baron d'Empire de Hilgel, Co-Commissaire. 1794. (voy. ci-dessus).

Chancellerie.

Mr. le baron Joseph de Kalkhof, Secrétaire.

Mr. Charles - Joseph Emmerich, Chanceliste.

Mr. Alois Schleumner, Chanceliste.

AUGSBOURG. Mr. Albert de Stetten, Député.

AUTRICHE. Mr. Gilles - Joseph - Charles de Fahtenberg, Envoyé directorial 1795.

Mr. Ott, Secrét. de légation.

Mr. Jean - Joseph Springer, Chanceliste.

BADE. Mr. le comte de - Schlitz, dit. Goerz, voy. Brandebourg).

Mr. *Godefroi Baurledel*, conseiller, Secrétaire de légation.

BOHEME. Mr. le comte d'Empire *Ferdinand de Colloredo Mansfeld*, Envoyé. 1801.

Mr. *Jean-Ferdinand Jungen*, Secrét. de légation.

BREME. Mr. *Charles-Théodor Gemeiner*, syndic et archiviste, Député.

BRONSVIC. Mr. le baron *d'Ende*, conseiller-privé, Envoyé, 1801.

Mr. *Nicolas-Louis Sticker*, Conseiller et Secrét. de légation.

Mr. *Frédéric-Henri Sticker*, Chanceliste.

DANEMARK. Mr. *Guillaume-Christophe de Diede à Furstenstein*, conseiller-privé, chambellan et Ministre plénipotent. 1793.

Mr. le baron *Frédéric d'Eyben*, gentilhomme de la chambre, Secrétaire de légation.

Mr. *Albert-Frédéric-Auguste Hartlaub*, Chanceliste.

R. FRANÇAISE. Cit. *Bacher*, Chargé d'affaires.

FRANCFORT. voy. Hambourg.

GR. BRETAGNE. Mr. *Francis Drake* Esq. Envoyé extraord. et Ministre plénipotent. 1802.

HAMBOURG. Mr. *Jean - Henri de Selpert*, Député.

HANOVRE. Mr. *Thierri - Henri - Louis d'Ompteda*, conseiller-privé de légation, Envoyé, 1783.

Mr. *Auguste - Christophe Kruckenberg*, Secrét. de légation.

Mr. *Chrétien - Fréderic la Grange*, Secrétaire de légation.

Mr. *Jean - Théophile de Reck*, Chancel.

Mr. *Antoine - Sébastien Kruckenberg*, Chanceliste surnumér.

LUBEC. Mr. *Henri - Jean - Thomas Bösner*, syndic, Député.

MECKLENB. SCHWER. Mr. *Léopold - Hartwig de Plessen*, chambellan, Envoyé.

Mr. *Chrétien-Louis Becken*, Conseiller de régence et de légation.

Mr. *Chrétien-Théophile Gumpelzhainner*, conseiller de cour, Secrét. de légation.

Mr. *Jean-Henri Keller*, Chanceliste.

NUREMBERG. Mr. le docteur *Deinzer*, Déput.

RUSSIE. Mr. *de Klüpfeld*, conseiller d'état, Envoyé, 1 Juin, 1801.

SALZBOURG. Mr. le baron *Jean-Sébastien de Zillerberg*, conseiller-privé actuel, Envoyé-directorial. 1777.

Mr. *François-Bourcard Cetti*, Secrét. de légation.

SUEDE. Mr. le chevalier *Knut Bildt*, Envoyé extraord. 1796.

Mr. *Christophe-Bernard Hégardt*, Secrétaire. de légation.

Ré (Isle de).

DANEMARK. Mr. *Jens Lemm*, Sous-Commissaire.

PRUSSE. Mr. *Baudin*, Agent de commerce.

Reus en Catalogne.

AMERIQUE. Don *Juan Montagut y Pedret,* Vice - Consul.

R. BATAVE. Don *Jayme Lacosta*, Vice-Consul.

DANEMARK. Don *Francisco Julien,* Vice-Consul.

R. LIGURIENNE. Don *José-Comas y Freixa,* Vice - Consul.

PORTUGAL. Don *Francisco Molins,* Vice-Consul.

PRUSSE. Don *Francisco Morales,* Vice-Consul.

RAGUSE. Don *Francisco Bortus y Bofarull,* Vice - Consul.

SICILE. Don *Rafel March,* Vice - Consul.

SUEDE. Don *Jayme Lacosta,* Vice - Consul.

Reval.

PRUSSE. Mr. *Théophile Küster,* Consul.

Rhodes (Isle de).

AUTRICHE. Mr. *Joseph Leon,* Vice - Consul.

R. FRANÇAISE. Cit. *Lazare Magellon*, Sous-Commissaire.

PRUSSE. Mr. *Gilli*, Consul pour les Isles de *Rhodes, Samos, Patmos* et *Stanchio.*

Ribadeo en Galice.

DANEMARK. Don *Ramon Travieso*, Agent. (Incargado).

R. FRANÇAISE. Don *Diego - Maria - Lopez de la Barrea*, Commissaire.

GR. BRETAGNE. Don *Ramon Travieso*, Vice-Consul.

PORTUGAL. Don *José - Antonio Campo Amor*, Vice - Consul.

PRUSSE. Don *Francisco Maria Amor*, Vice-Consul.

SUEDE. Don *Ramon Travieso*, Agent.

Riga.

AUTRICHE. Mr. *Chrétien Trompowsky*, Cons.

R. BATAVE. Cit. *Zuckerbecker*, Consul.

DANEMARK. Mr. *Charles-Fréderic Nisser*, conseiller de justice, Consul et Agent.

PORTUGAL. Mr. *Vinceslas - Théodore Glama*, Consul.

PRUSSE. Mr. *Jean-Guillaume Hellmund*, Cons.

SUEDE. Mr. *Jean Zacharisson*, Consul.

Ritzebutel.

HANOVRE. Mr. *N. N. Schulze*, Agent.

Rochefort.

R BATAVE. Cit *d'Aiguille*, Commissaire.

la Rochelle.

R. BATAVE. Cit *P. J. van Hoogwerf*, Commissaire.

DANEMARK. Mr. *Pierre - Casimir Nordlingh de Witt*, Commissaire. (à Paris). Mr. *Lohmeyer*, Sous - Commissaire.

PRUSSE. Mr. *Wilkens*, Agent de commerce.

Rome.

AMÉRIQUE. Mr. *Jean-Baptiste Sartori*, Consul.

(ARCHICHANCEL. Mr. *Jean-Baptiste Fargna*, Ministre.

Mr. *Louis de Scrilll*, Ministre).

AUTRICHE. Mr. le comte *Emmanuel de Khevenhüller*, Envoyé extraord. et Ministre plénipotent. 19. Nov. 1802.

Mr. le chevalier *de Lebzeltern*, Secrét. de légation.

BAVIÈRE. Mr. le baron *Joseph-Jean-Népomucene de Frauenberg*, Envoyé extraordinaire nommé 1802.

ESPAGNE. Don *Antonio de Vargas*, Ministre plénipotent. 23. Mai 1801.

Mr. *Francisco d'Elexaga*, Secrét. de légation.

R. FRANÇAISE. Cit. *Cacault*, Ministre plénipotent.

Mr. *Artaut*, Secrétaire de légation.

GR. BRETAGNE. Mr. *Fagan*, Agent.

ORDRE - TEUT. Mr. *Charles - Ambroise de Augustinis*, Agent et Procureur.

PORTUGAL. Mr. le comte *Alexandre de Souza - Hölstein*, Ambassadeur extraord. 21. Nov. 1802.

    auprès de Lui:

    Mr. *Louis Alvarez da Cunha e Figueiredo*, Chargé d'affaires.

    Mr. *Dominique Pappiani*, Consul - général.

PRUSSE. Mr. *de Humbold*, chambellan, Ministre près du st. Siège et des differentes cours d'Italie.

RUSSIE. Mr. le comte *de Cassini*, conseiller de cour et Chargé d'affaires.

SALZBOURG. Mr. le prince *Louis Rospigliosi*, chevalier de la toison-d'or, Envoyé.

SICILE. Mgr. le cardinal *Ruffo*, Ministre plénipotentiaire.

SAXE-ELECT. Mr.   Agent.

SAXE-WEIMAR. Mr. l'abbé *Rocatani*, Agent.

SUEDE. Mr. *Després*, architecte de la cour, Agent pour les beaux arts.

Rostock.

SUEDE. Mr. *Wiegert*, Agent.

Rotterdam.

AMÉRIQUE. Mr. *Joseph Formann*, Consul.

DANEMARK. Mr. *Charles Amalry*, Consul. Mr. *Jean - Samuel Amalry*, Consul-adjoint.

ESPAGNE. Mr. *Antoine - Pierre van der Kun*, Vice - Consul.

R. FRANÇAISE. Cit. *Constant Guys*, Commissaire.

PRUSSE. Mr. *Schott*, Consul.

SUEDE. Mr. *F. P. Bicker Caarten*, Agent de commerce.
Mr. *Lambert Bicker*, Vice - Commiss.

Rouen.

AUTRICHE. Mr. *Jean Achard*, Consul.

R. BATAVE. Cit. *Sittig*, Commissaire - général pour les dép. de la Seine - inferieure, du Calvados et de la Manche.

DANEMARK.

ESPAGNE. Don *Francisco Chacon*, Commiss.

PRUSSE. Mr. *Hilscher*, Agent de commerce.

Mr. *Trappe*, Vice-Agent de commerce.

SUEDE. Mr. *Oloff Reinicke*, Agent de comm.

Saint-Ander.

AMERIQUE. Mr. *Louis Meagher O'Brien*, Consul.

BATAVE. Cit. *Jaques le Blanc*, Consul.

Don *Juan Plauté*, l'ainé, Commisaire par intérim.

R. FRANÇAISE. Cit. *Ranchoup*, Commiss. d. r. c. nommé en Nov. 1801.

Don *Juan Laent*, Commissaire par intérim.

PORTUGAL. Don *José - Mariano Torres e Arboles*, Consul.

PRUSSE. Don *Juan Plauté*, le jeune, Consul

pour la côte de Montanna et d'Asturie.

Saint-Domingue.

AMERIQUE. Mr. *Tobias Lear*, Agent gen. de commerce. (au Cap.)

Mr. *Jean E. Caldwell*, Agent commercial pour la capitale.

Mr. *Barthélemi Dandridge*, Consul pour le dép. tirant au Sud, à l'exception de Petit - Gouave.

Saint-Ives.

SUEDE.

Saint-Malo.

R. BATAVE. Cit. *J. Vincent*, Commissaire.

ESPAGNE. Mr. *Lefer*, Vice - Commissaire.

Saint-Rème.

R. FRANÇAISE. Cit. *Dufour*, Sous - Commissaire.

Salé.

SUEDE. Mr. *Weström*, Agent de commerce.

Salonique.

AUTRICHE. Mr. *Masol*, Vice - Consul.

. FRANÇAISE. Cit. *Magallon*, l'oncle, Commissaire général.

R. BRETAGNE. Mr. *Jean Olifer*, Consul.

PRUSSE. Mr. le comte *de Cocq*, Vice-Consul.

Sassari *en Sardaigne*.

AUTRICHE. Mr. *Joseph Piattoli*, Vice-Consul.

Savannah *en Georgie*.

R. FRANÇAISE. Cit. *Sotin*, Sous - Commissaire, nommé en automne 1801.

Savone.

R. FRANÇAISE. Cit. *Thedenat*, Sous-Commiss.

Sebastopol.

. FRANÇAISE. Cit. *Ratez*, Sous-Commissaire.

Seres en Macedoine.

AUTRICHE. Mr. le baron *Alois de Gamera*, Vice - Consul.

Setuval.

AUTRICHE. Mr. *Guillaume Williamson*, Vice-Consul,

RUSSIE. Mr. *Jaques - Frederic Torlade*, Vice-Consul.

SUEDE. Mr. *Martin Giertz*, Agent de commerce.

Sevilla.

AUTRICHE. Mr. *Jean-Jaques Gatens*, Consul.

R. BÁTAVE. Cit. *N. Blommaert*, Consul,

Cit. *Balthasar Orian*, Vice - Consul.

DANEMARK. Mr. *Jean - Angel Gude*, Consul, nommé en Juin 1802 (de-même à *Saint - Lucar*)

GR. BRETAGNE. Mr. *Jean Hunter*, Consul.

PORTUGAL. Don *Juan Martinho da Graça Maldanado*, Consul.

RUSSIE. Mr. *Becker*, conseiller d'état, Consul-général.

Sinigaglia.

AUTRICHE. Don *Dominic* conté *Pasquini*, Consul.

Sinope.

R. FRANÇAISE. Cit. *Fourcade*, l'ainé, Commissaire - général.

Smirne.

AUTRICHE. Mr. *Ambroise-Armand Crammer*, Consul - général.

R. BATAVE. Cit. *D. de Hochepiéd*, Consul-général.

ANEMARK. Mr. *Robert Wilkinson*, Consul.

FRANÇAISE. Cit. *Choderlos*, Commissaire-général.

Cit. *Fourcade*, le jeune, Sous-Commissaire - Chancelier.

Gᴿ. Bʀᴇᴛᴀɢɴᴇ. Mr. *T. Werry*, Consul.

Pʀᴜssᴇ. Mr. *Escalon*, Consul.

Rᴜssɪᴇ. Mr. *de Forsmann*, conseiller d'état, Consul - général.

Mr. *de Tomashan*, Dragoman.

Sᴜᴇᴅᴇ. Mr. *Justi*, Consul.

Souabe. (Cercle de)

cf. Munich Stuttgard.

Bᴀᴅᴇ. Mr. le baron *Louis d'Edelsheim*, conseiller-privé, 1ʳ. Envoyé.

Mr. le baron *Louis de Wöllwarth*, 2ᵈ. Envoyé.

Mr. *Chrétien - Léonard Klein*, Secrét.

R. Fʀᴀɴçᴀɪsᴇ. Cit. *Massias*, Chargé d'affaires dans le Cercle.

Wɪʀᴛᴇᴍᴮᴇʀɢ. Mr. le baron *Jean - Charles-Christophe de Seckendorf*, conseiller-privé, Envoyé - directorial.

Mr. *Ulric - Leberecht de Mandelsloh*, conseiller-privé, Envoyé directorial.

Mr. le docteur *Jean-Fréderic Schmidtlin*, Envoyé - directorial.

Mr. *Daniel.- Fréderic Léopold*, Secrét.

Spalatro en Dalmatie.

AUTRICHE. Mr. *Jean de Gabrielli*, Vice-Consul.

Stanchio en Archipel.

AUTRICHE. Mr. *Antoine Mosse*, Vice-Consul.

PRUSSE. voyez Rhodes.

Stetin.

AMERIQUE. Mr. *Fréderic - Guillaume Lutze*, Consul.

DANEMARK. Mr. *J. R. Brede*, Consul.

R. FRANÇAISE. Cit. *Billiot*, Agent commercial.

SUEDE. Mr. *Jean - Fréderic Sanne*, Agent de commerce.

Stockholm.

AUTRICHE. Mr. le comte *François de Lod-ron ~ Laterano*, chambellan - actuel et conseiller-privé, Envoyé extraordinaire et Ministre plénipotent. 19. Déc. 1799. Mr. le baron *Charles de Binder de Krigelstein*, le jeune, Secrét. de légation et alors Chargé d'affaires, 12. Mars 1802.

BADE. Mr. le baron *de Geusau*, grand-chambellan et lieutenant - général, Envoyé extraord. en Avril 1802.

R. BATAVE. Cit. *P. H. van Westreenen van Themadt*, Envoyé extraord. 30. Sept. 1802. (15,000 Fl. d'appointemens).

DANEMARK. Mr. *Otto de Blome*, chambellan et aide-de-camp, Envoyé extraordinaire 21. Oct. 1802. Mr. *W. Jean Krabbe*, gentilhomme de la chambre, Secrét. de légation.

Mr. *Fréderic Wahrendorf*, Consul, nommé en Nov. 1802.

ESPAGNE. Mr. le chevalier *Joseph Lopez de la Huerta*, Envoyé extraord. et Ministre plénipotent. 4. Sept. 1800.

Mr. *Pantaleon Moreno*, Secrét. de légation et chargé d'affaires.

FRANÇAISE. Cit. *Bourgoing*, Envoyé extraord. 29. Sept. 1801. et Ministre plénipotentiaire.

Cit. *Caillard*, 1ᵉ. Secrét. de légation.

Cit. *Salignac - Fenelon*, 2ᵈ. Secrét. de légation.

Cit. *Desgouttes*, Commissaire des rel. comm. 7. Juin 1802.

GR. BRETAGNE. Sir *Charles Arbuthnot*, Envoyé extraord. 4. Oct. 1802.

Mr. *Lindsay Burrell*, Sécrétaire de légation.

PORTUGAL. Don *José - Eman. Pinto de Sousa*, Envoyé extraord. et Ministre plénipotent. 1801.

Don *José - Anselmo Correa Henriques*, Chargé d'affaires.

Mr. *Jean - Frédéric Hansson*, Consul - général.

PRUSSE. Mr. *de Tarrach*, conseiller-privé de légation, Envoyé extraordinaire.

Mr. *Teschke*, Conseiller de légation.

RUSSIE. Mr.

Ambassadeur extraordinaire et plénipotent. (nommé Gouverneur militaire de S. Pétersbourg, le 25. Janv. 1803).

auprès de Lui:

Mr. *David d'Alopeus*, conseiller de cour et Chargé d'affaires, par intérim.

Mr. *Semenow*, Sous - Secrétaire.

Mr. *Politica*, Sous - Secrétaire.

Mr. *Bulkunoff*, conseiller de collège, Consul - général.

Mr.   Envoyé extraordinaire.

SAXE-ELECT. Mr. *Frédéric-Auguste Internari*, Secrét. de légation et Chargé d'affaires.

Stuttgard.

BADE. Mr. le baron *d'Edelsheim*, Envoyé près le Cercle de Souabe.

R. BATAVE. Cit. *A. B. G. van Dedem tot de Gelder*, Ministre plénipot. 27. Sept. 1801. (8,000 Flor. d'appointemens.)

R. FRANÇAISE. Cit. *Didelot*, préfet du palais, Envoyé plénipotent. nommé 15. Sept. 1802.

Cit. *Massias*, Chargé d'affaires dans le cercle de Souabe.

PRUSSE. Mr. *J. G. de Madeweiss*, conseiller-privé, Envoyé et Ministre plénipotent. près des états du cercle de Souabe.

RUSSIE. Mr. *de Yakowleff*, conseiller d'état et Chargé d'affaires résident.

Mr. *de Struve*, Secrétaire de légation.

Tanger.

R. Française. Cit. *Guillet*, Commissaire-
général et Chargé d'affaires.

Cit. *Fournier*, Chancélier-Interprète.

Cit. *Franceschini*, Sous - Commiss.

Portugal. Don *Jorge-José Collaço*, Consul-général.

Suede. Mr. *Pierre Wijk*, Agent - général
de commerce.

Terracine.

Espagne. Don *Juan - Pablo de Vecchis*,
Consul.

Tine, en Archipel.

Prusse. Mr. *Beaufort*, Consul.

Toulon.

Autriche. Mr. *Louis Fauchier*, Consul.

ESPAGNE. Mr. Jean Lahora, Vice - Commissaire. Consul pour Trébisonde.

Trébisonde.

R. FRANÇAISE. Cit. Dupré, Sous - Commissaire.

Trieste.

AMÉRIQUE. Mr. Jean Lamson, Consul.

R. BATAVE. Mr. A. H. J. Bordaux, Consul-général.

Mr. L. J. Wagner, Consul.

BAVIERE. Mr. Vincent - Maurice de Molkenfeld, Agent.

DANEMARK. Mr. Jean - Henri Dumreicher, Consul. (de même pour Fiume).

Mr. Wolfgang - Fréderic Renner, Consul - adjoint.

ESPAGNE. Don Carlos - Alex. de Lellis, Consul.

ETRURIE. Don Juan Tomasini, Consul.

FRANÇAISE. Cit. Framery, père, Commiss.

GR. BRETAGNE. Mr. *Edouard Stanley*, Consul pour Trieste, Fiume et les autres ports voisins.

Mr. *Jaques Anderson*, Vice-Consul.

R. LIOURIENNE. Mr. *Jean Rosetti*, noble de Scander, Consul.

MALTE. Mr. *Charles de Maffei*, Consul.

PORTUGAL. Don *Antonio-Maria Calvet*, Consul-général pour les côtes Autrichiennes de l'Adriatique.

PRUSSE. Mr. *Stricker*, Consul; de même à Fiume.

R. RAGUSE. Mr. *Philippe Bernsteiner*, Consul.

Mr. *Georges Bernsteiner*, Vice-Consul.

ROME. Mr. *Charles de Maffei*, Consul.

SARDAIGNE. Mr. *Jerôme Belusco*, Consul.

SICILE. Mr. *Antoine Giustini*, Consul.

Mr. *Jaques Simonsich*, Vice-Consul.

SUEDE. Mr. *Fréderic Wagner*, Agent de commerce.

Tripoli de Barbarie.

AMERIQUE. Mr. *Jaques L. Cathcart*, Consul.

AUTRICHE. Mr. *Nathanael de Warnsmann*, Agent.

R. BATAVE. Cit. *J. Kaupe*, Consul. (6,000 Fl. d'appointemens).

DANEMARK. Mr. *Nicolas - Chrétien Nissen*, Consul.

ESPAGNE. Don *Gerardo - José de Souza*, Consul-général et Chargé d'affaires.

R. FRANÇAISE. Cit. *Beaussier*, Chargé d'affaires et Commissaire - général.
Cit. *Xavier Naudy*, Sous - Commissaire - Chancelier.

GR. BRETAGNE. Mr. *Simon Lucas*, Consul-général et Agent.

PORTUGAL. Mr. *Bernard Mac - Donough*, Consul-général.

SUEDE. Mr. *P. N. Burström*, Agent de commerce.

Tripoli de *Syrie.*

R. FRANÇAISE. Cit. *Alphonse Guys,* Commissaire.

Tunis.

AMERIQUE. Mr. *Guillaume Eaton,* Consul.

AUTRICHE. Mr. *Antoine Nyssen,* Agent.

R. BATAVE. le même, Consul - général. (5,500 Fl. d'appointemens).

DANEMARK. Mr. le capitaine *Charles-Chrétien Holck,* Consul.

Mr. *L. Hamcken,* Vice - Consul.

ESPAGNE. Mr. *Joseph Noguera,* Consul-général et Chargé d'affaires.

R. FRANÇAISE. Cit. *Devoize,* Chargé d'affaires et Commissaire - général des rel. comm. nommé en Août 1800. Cit. *Adanson,* Chancelier.

GR. BRETAGNE. Mr. *Henri Clark,* Chargé d'affaires.

SUEDE. Mr. *Charles Tulin,* Agent de commerce.

Uddewalla en *Gothlande*.

PRUSSE. Mr. *Brostroem*, Consul.

Valence.

AUTRICHE. Mr. *André Giroldi*, Vice-Consul.

R. BATAVE. Don *Arnaldo Beix*, Vice-Consul.

DANEMARK. le même.

R. FRANÇAISE. Cit. *Bernard Lanusse*, Sous-Commissaire honoraire.

MALTE. Don *Juan - Bautista Mocholi y Sabater*, Consul.

PORTUGAL. Don *Francisco Peyrolon*, Vice-Consul.

R. RAGUSE. Don *Francisco Villa*, Consul.

SICILE. Don *Francisco Berard*, Vice-Consul et Consul honoraire.

SUEDE. Don *Arnaldo Beix*, Vice-Consul.

Varna en Bolgarie.

R. FRANÇAISE. Cit. *Parant*, Sous - Commissaire des r. c.

Vègesac.

HANOVRE. Mr. *Fréderic Steinbrugge*, Agent.

Venise.

DANEMARK. Mr. *Guillaume-Conrad Martens*, Consul.

R. FRANÇAISE. Cit. *Rostagny*, Commissaire - général des relat. commerce.

Gr. BRETAGNE. Mr. *John Watson*, Consul.

PORTUGAL. Don *Conde Francisco de Cattanço*, Consul-général.

RUSSIE. Mr. *de Barozzi*, conseiller d'état actuel, Consul-général.
Mr. *Mario Filli*, Secrétaire.

SUEDE. Mr. le chevalier *P. Bovo*, Agent de commerce.

Vienne.

ANHALT - BERNB. Mr. *Borsch*, Agent; de même pour Anhalt - Dessau et Coethen.

ANHALT. BERNB. SCHAUMB. Mr. *Matt*, Agent.

ARCHICHANCEL. Mr. le baron *d'Erthal*, Envoyé 1802.

Mr. *Jean* - *Bapt. de Fichtl*, Agent.

Mr. *Georges - Ignace de Schumann*, Agent.

AUGSBOURG. Mr. *François - Antoine de Ditterich*, Agent.

Mr. *Adam Amend*, conseiller de cour, Agent.

Mr. *Stubenrauch*, Agent.

BADE. Mr. *Otto de Gemmingen*, Envoyé, nommé en Déc. 1802.

Mr. le baron *Christophe - Chrétien*

de Mühl, conseiller de cour, Résident.

Mr. *J. G. A. de Fabrice*, Agent.

R. BATAVE. Cit. *G. C. van Spaan van Voorstonde*, Envoyé extraordinaire et Ministre plénipotentiaire 1802. (22,000 Fl. d'appointemens).

BAVIERE. Mr. le baron *Charles de Gravenreuth*, chambellan et conseiller-privé- actuel, Envoyé extraordinaire et Ministre plénipotentiaire.

Mr. *Duras*, Secrétaire-privé-actuel et Secrétaire de légation.

Mr. *Philippe Friedmann*, Commissaire de légation,

Mr. *de Fichtl*, Agent.

Mr. *Hinsberg*, Agent.

Mr. *d'Urbain*, conseiller et Agent de la cour.

BREME. Mr. *André de Merck*, conseiller-privé de légation, Agent.

BRONSVIC. Mr. *Merck*, Agent.

DANEMARK. Mr. *Armand-François-Louis de Mestral de St. Saphorin*, chevalier des ordres de Danebrog et de l'Aigle blanc, de Pologne, conseiller-privé et chambellan, Envoyé extraordinaire et Ministre plénipot.

Mr. *Georges-Nicolas Nissen*, Conseiller et Secrét. de légation.

Mr. *David - Henri* - *Godefroi de Pilgram*, conseiller de légation, Agent.

ESPAGNE. Mr. le prince *de Castelfranco*, chevalier de la Toison d'or, Ambassadeur, 1802.

auprès de Lui:

Mr. *Diégo de la Quadra*, Secrét. d'ambassade.

Mr. *d'Enderiz*, Attaché à la mission.

Mr. le marquis *de Liano*, Attaché.

Mr. le chevalier *Cadalso*, Attaché.

Etrurie. Mr. le marquis *de Manfredini*, Ministre plénipotentiaire.

Mr. *Hinsberg*, Agent.

R. Française. Cit. *Champagny*, conseiller d'état, Ambassadeur, 17. Octob. 1801.

auprès de Lui:

Cit. *Lacuée*, chef de brigade, 1. Secrétaire d'ambassade.

Cit. *Auguste Dodun*, 2ᵈ. Secrétaire d'ambassade.

Cit. *Posuel - Devernaux*, 3ᵉ. Secrét. d'ambassade.

Cit. *Damase - Raymond*, Attaché à la mission.

Cit. *Talleyrand*, Attaché. (désigné pour S. Pétersbourg).

Cit. *la Blanche* et *Morizot*, Attachés.

Francfort. Mr. *de Pilgram*, Agent.

Gr. Bretagne. Sir *Arthur Paget*, Envoyé extraord. et Ministre plénipot. 16. Sept. 1801. (absent par congé).

Mr. *Charles Stuart*, Secrétaire de légation et Chargé d'affaires.

HAMBOURG. Mr. *Jean-André Merk*, Agent.

HANOVRE. Mr. le comte *Ernest-Chrétien-Georges - Auguste de Hardenberg*, conseiller-privé de la chambre des domaines, Envoyé extraordinaire.

Mr. le baron *Christophe - Chrétien de Mühl*, conseiller de cour, Ministre plénipotentiaire.

Mr. *Georges - Frédéric Rheinfelder*, Secrét. et Garde-rôle.

Mr. *Jean Merk*, Agent.

R. HELVET. Mr. *Müller de Mühlegg*, Agent de la cour, Chargé d'affaires, en Juillet 1802.

HESSE - CASSEL. Mr. *Jean - André Merk*, conseiller de cour, Agent.

HESSE - DARMSTADT. Mr. le baron *Louis*

de Braun, conseiller-privé do légation, Ministre - Résident.

HESE-HOMBOURG. Mr. *de Pilgram*, Agent.

HESSE-HANAU-LICHTENBERG. Mr. *Merk*, Agent.

HESSE - PHILIPPSTHAL. Mr. *de Ditterich à Erbmannszahl*, conseiller et Agent.

HESSE - RHEINF. ROTHEMBOURG. Mr. *de Fichtl*, Agent.

Mr. *Hinsberg*, 2ᵈ. Agent.

R. ITALIENNE. Mr. *Contronchi*, archévêque de Ravenne, Ambassadeur, nommé en Juillet 1802.

R. LIGURIENNE. Cit. *Barthélemi Boccardo*, Envoyé, nomme en Nov. 1802.

LUBEC. Mr. *Jean - André Merk*, Agent.

MEKLENB. SCHWER. Mr. *François-Antoine de Ditterich*, noble *d'Erbmannszahl*, Agent.

MEKL. STREL. le même.

NUREMBERG. Mr. *de Pilgram*, Agent.

ORDRE-TEUT. Mr. le baron *Godefroi d'Ulrich*, conseiller-privé-actuel, Ministre - Résident.

Mr. *J. B. de Fichtl*, Agent.

PORTE-OTTOM. Le très-honoré *Abdul Achmet*, Ministre plénipotent.

Mr. *Boydan*, Chargé d'affaires.

PORTUGAL. Mr. le chevalier *François-Joseph de Horta - Machado*, Envoyé extraordinaire et Ministre-plénipot. 1802.

Mr. le chevalier *Joachim-Joseph de Miranda-Rebello*, Chargé d'affaires.

Mr. *J. Ferraris*, Secrétaire de légation.

RUSSE. Mr. le comte *D. L. C. de Keller*, chevalier de l'ordre de l'Aigle rouge et chambellan, Envoyé extraord. et Ministre plénipotentiaire.

Mr. le comte *Charles de Finkenstein*, conseiller de légation, Chevalier d'honneur et Chargé d'affaires.

Mr. *Piquot*, Conseiller de légation.

Mr. *Joseph de Matolay*, conseiller, Agent féodal près la cour féodale de la Basse - Autriche.

ROME. Mr. *Antonio - Gabriele Severoli*, archévêque de Petra, évêque de Fano, Nonce apostolique.

Mr. *Velluti Ghini*, Auditeur de la nonciature.

Sgr. abbate *Cristoforo Busa*, Chancelier de la nonciature..

RUSSIE. Mr. le comte *André de Razouwsky*, Ambassadeur extraordinaire et plénipotentiaire, 14. Octobre 1801. (absent par congé). auprès de Lui;

Mr. *de Ribeaupierre*, chambellan actuel.

Mr. *de Wasiltschikow*, gentilhomme de la chambre.

Mr. le chevalier *de Malhi*, conseiller d'état.

Mr. le chevalier *d'Arnstedt*, conseiller d'état et Chargé d'affaires.

Mr. *Wolynsky*, Sous-secrétaire.

Mr. *Koudráwsky*, Sous-secrétaire.

SALZBOURG. Mr. *Néguelin de Blumenfeld*, conseiller de cour et Agent.

Mr. *Jean - Baptiste de Berghof*, conseiller de cour.

SARDAIGNE. Mr. le comte *Vallaise*, Envoyé extraordinaire ci-devant à S. Pétersbourg. (à résigné).

Mr. le chevalier *Rossi*, conseiller du Roi et de légation, Chargé d'affaires.

Mr. *J. J Cavaleris*, Secrétaire de légation.

Mr. *Néguelin de Blumenfeld*, conseiller de légation et Agent de la cour.

SAXE - ELECT. Mr. le comte *Jean - Hilmar - Adolphe de Schönfeld*, cham-

bellan et conseiller - privé - actuel,
Ministre plénipotentiaire.

Mr.   Résident.

Mr. *Jean - Charles Otto*, Secrét. de légation.

SAXE-COBOURG-SAALF. Mr. *de Pilgram*, conseiller - privé de légation et Agent.

Mr. *Charles - Fréderic de Fischer*, noble *d'Ehrenbach*, conseiller de légation et Chargé d'affaires.

SAXE-GOTHA. Mr. *Guillaume - Henri von der Lith*, conseiller - privé et Envoyé.

Mr. *Borsch*, Agent.

SA HILDBOURGHAUS. Mr. *Borsch*, Agent.

Mr. *de Fabrice*, conseiller-privé de légation et procureur.

SAXE - MEININGEN. Mr. *Borsch*, conseiller de cour et Agent.

SAXE - WEIMAR et EISEN. Mr. *Jean-An-dré Merk*, conseiller-privé de légation et Agent.

Mr. *Borsch*, conseiller de cour et Agent.

ICILE. Mr. le chevalier, abbé *Giansanti*, Ministre - Résident.

Mr. *Joseph - Antoine de Ponti*, Secrétaire.

SUEDE. Mr. le baron *Gustave - Maurice d'Armfelt* et *de Vorentaka*, lieutenant-général, Envoyé extraordinaire et Ministre plénipotentiaire. 1. Déc. 1802.

Mr. *Fréderic de Silfverstolpe*, chambellan et Chargé d'àffaires.

Mr. *Merk*, Agent.

ALAQUIE. Mr. *Grégoire Démetri*, Chargé d'affaires, 8. Déc. 1802.

IRTEMBERG. Mr. le baron *Christophe-Albert de Bühler*, conseiller-privé actuel, Ministre plénipotentiaire (à Ratisbonne).

Mr. *Jean-Théophile Kästner*, Chanceliste de légation.

Mr. *Borsch*, conseiller de cour et Agent.

Vigo en Galice.

DANEMARK. Mr. *Jean-Antoine Zemelo*, Vice - Consul.

R. FRANÇAISE. Cit. *Michel Harismendy*, Commissaire.

PORTUGAL. Mr. *François-Manuel Menendez*, Vice - Consul.

Mr. *Joseph Montáos*, Consul - général pour les ports de la Galice.

PRUSSE. Mr. *Joseph Lapeyre*, Vice - Consul.

Vinaroz en Valence.

AMERIQUE. Mr. *Jean Killi Kelly*, Vice-Consul.

R. BATAVE. Mr. *François Sullivan*, Vice-Consul.

R. FRANÇAISE. Cit. *Jean-Guilleume*, Sous-Commissaire.

R. RAGUSE. Mr. *André Raballato*, Vice-Consul.

SICILE. Don *Francisco Ameyra Signoreli*, Vice-Consul; (de même pour l'Etrurie).

SUEDE. Don *Antonio Ayguais*, Vice-Consul.

Wangen.

AUGSBOURG. Mr. le procureur *S. Wizigmann*, Agent.

Washington.

BATAVE. Cit. *J. C. H. Heineken*, Consul.

DANEMARK. Mr. *Pierre Blicher Olsen*, Consul-général et Ministre-Président, 1801.

Mr. *Pierre Pedersen*, Consul et actuellement Chargé d'affaires.

ESPAGNE. Don *Carlos - Martinez d'Yrujo*, marquis, Ministre plénipotent.
Don *Luis - Martinez de Viergol*, Secrét. de légation.

R. FRANÇAISE. Cit. *Bernadotte*, conseiller d'état et général de division; Ministre plénipotentiaire désigné.

GR. BRETAGNE. Mr. *Antoine Merry*, Envoyé extraord. et Ministre plénipotentiaire.
Mr. *Edouard Thornton*, Secrét. de légation.
Mr. *Jean Hamilton*, Consul.

PORTUG.

SUEDE.

Westphalie. (Cercle de)

AUTRICHE. Mr. *Godefroi* noble *de Kornrumpf*, Chargé d'affaires.

GR. BRETAGNE. Mr. Fréderic Gorrison, Consul.

PRUSSE. Mr. Guillaume - Chrétien de Dohm, conseiller - privé, Ministre - directorial au cercle de Westphalie. (réside pour le moment à Halberstadt).

Wibourg en Moscovie.

DANEMARK. Mr. Jean Ignatius, Consul.

PRUSSE. Mr. Hackmann, Consul, en Mars 1802.

SUEDE. Mr. Ferdinand Hedenius, Agent de commerce.

Wilmington en Nordcaroline.

R. FRANÇAISE. Cit. Delille, Sous - Commissaire d. rel. comm.

Xante Dép. de Roer.

R. BATAVE. Cit. R. Jeffereys, Commissaire des rel. comm.

Zante.

Autriche. Mr. le comte *Jean de Crissopleuri*, Consul - général.

R. Française. Cit. *Reinaud*, Commissaire des relat. commerc. auprès de la République des VII Isles, nommé en Juin 1802.

Gr. Bretagne. Mr. *Spéridon Foresti*, Consul.

Prusse. Mr. *Salomon*, Consul pour *l'Epir* et l'Isle de *Zante*.

Zare en Dalmatie.

Autriche. Mr. *Gabrieli*, Consul - général.

Zéa en Archipel.

Autriche. Mr. *Nicolas di Lasti*, Vice-Consul
Prusse. Mr. *Pangolo*, Agent.

CORRECTIONS

ET

CHANGEMENS SURVENUS PENDANT L'IM-PRESSION.

Aschaffenbourg.

AUTRICHE. Mr. *François - Joseph de Schillein,* Chargé d'affaires.

Berlin.

BREME. Supprimez: Mr. *Jaques Wever,* décédé 29. Avril 1803.

R. FRANÇAISE. Cit. *Etienne Laforêt,* ci-devant à Munich et Ratisbonne, Envoyé extraordinaire.

Berne.

ARCHICHANC. Mr. *de Wessenberg,* Ministre plénipotentiaire.

AUTRICHE. Mr. le baron *Henri de Crumpi-*

pen, conseiller privé etc. (à Salzbourg.

Boucarest.

GR. BRETAGNE. Mr. Frédéric Sommer, Consul pour la *Moldavie* et *Valaquie*,
nommé 1803.

Cadix.

SUEDE. Mr. *Schiermann*, Agent de commerce.

Cagliari.

R. FRANÇAISE. Cit. *Ornano* (ci-devant Légis-
lateur), Commissaire des relat. commerc. nommé en Mars 1803.

ROME. Mgr. le cardinal *Antoine M. Doria
Pamphili*, Ablégat apostolique en Avril
1803.

Constantinople.

R. BATAVE. Lisez: 14,500 Fl. d'appointemens,

excepté le salaire pour la direction
du commerce Levantin.

R. FRANÇAISE. Cit. *Brune* etc. 22. Févr. 1803.

PRUSSE. Mr. *de Knobelsdorf* etc. rappelé, sera
remplacé par Mr. le baron *de Bielefeld,*
Chargé d'affaires à *la Haye* depuis
1795 — 1803.

Florence.

AUTRICHE. Mr. le marquis *de Ghisilieri,* Envoyé extraordinaire.

Francfort.

MECKLEMB. STREL. Mr *Charles - Auguste*
noble *de Schoeniz,* Ministre - Résident.

Gênes.

AUTRICHE. Mr. le baron *de Giusti,* Envoyé,
extraordinaire désigné.

la Haye.

R. FRANÇAISE. Cit. *de Cannoville,* Attaché à
la mission.

DANEMARK. Mr. le comte de *Luckner*, a pris son congé en Mars 1803 et sera remplacé par Mr. le comte *François-Xavier - Joseph de Danneskiold-Loevendal*, chevalier de l'ordre de Danebrog et général - major d'infanterie, nommé 22. Avril 1803. (autrefois à *St. Pétersbourg*).

Mr. *Chrétien Schavenius*, Secrétaire de légation.

PRUSSE. Mr. *de César*, conseiller - privé, Ministre plénipotent.

Helsingoer.

PRUSSE. Mr. *Charles Thalbitzer*, Vice - Consul survivancier.

Japon.

RUSSIE. Mr. *de Resanow*, chambellan - actuel et - conseiller d'état, Envoyé extraordinaire.

Londres.

AMÉRIQUE. Mr. *Williams*, Chargé d'affaires par intérim.

ESPAGNE. Mr. *de Durango*, Sécrétaire de légation.

Mr. *d'Anduaga*, Attaché à la mission.

R. FRANÇAISE. Cit. *Andréossi* etc. a été rappelé et est parti pour Paris le 16. Mai 1803.

HESSE - CASSEL. Supprimez: Mr. *de Bauermeister* etc. décédé 9 Avril 1803. Il sera remplacé apparemment par Mr. le comte *Georges d'Einsiedel*, chambellan.

Madrid.

DANEMARK. Mr. *Stub* a pris son congé et sera remplacé par Mr. *Rist*. (voyez *Berlin*).

Munich.

R. FRANÇAISE. Cit. *Louis - Guillaume Otto*, ci-devant à Londres, Envoyé désigné.

Nuremberg.

AUTRICHE. Mr. le comte *de Schlick*, etc. rappelé.

HESSE - CASSEL. Mr. le comte *de Taube*, conseiller - privé de légation, Envoyé au Cercle de *Franconie*, Avril 1803.

Paris.

AMERIQUE. Mr. *James Monroe* Esq. Envoyé extraord. et Ministre plénipotentiaire. 1. Mai 1803.

BADE. Mr. le baron *de Reizenstein*, rappelé en Mars 1803, sera remplacé par Mr. le baron *de Dalberg*.

R. BATAVE. Cit. *van Dedem tot de Gelder* Envoyé extraordinaire et Ministre plénipotent. 1803.

ESPAGNE. Mr. le chevalier *de Hervas*, Agent du bureau des finances.

GR. BRETAGNE. Lord *Whitworth* etc. a été rappelé et est parti pour Londres le 12. Mai 1803.

R. HELVET. Cit. *Stapfer* etc. Président auprès de la commission de liquidation à *Freibourg*, a été remplacé par le Cit. *Constantin Maillardoz*, 1803.

HESSE - CASSEL. Mr. *von der Malsburg*, Envoyé désigné 1803.

ROME. Mr. le cardinal *Joseph - Doria Pamphili*, Ablégat du souverain Pontife.

VILLES LIBRES. Mr. *d'Abel*, conseiller de légation, Représentant des Villes libres de l'Empire.

St. Pétersbourg.

R. BATAVE. Cit. *van Hoogendorp*, Envoyé extraordinaire désigné.

Cit. *van Hoogendorp*, le jeune, Secrét. de légation.

SUEDE. Mr. *de Wetterstedt*, Secrétaire de cabinet et de légation, en place de Mr. *Netzel*.

Philàdelphie.

R. FRANÇAISE. Cit. *Fourcroy*, Commissaire.

Ratisbonne.

(Dernière Séance de la *Députation extraordinaire de l'Empire*, le 10. Mai 1803).

HAMBOURG. Mr. le Dr. *Jean - Pierre Sieveking*, Envoyé, 8. Mai 1803.

HANOVRE. Mr. *d'Omteda* etc. décédé 18. Mai 1803.

HESSE-DARMST. Mr. le baron *Jean de Türkheim*, conseiller privé, Envoyé, 22 Avril 1803. (ci-devant Envoyé de la part de Hesse - Cassel auprès du cercle de *Franconie*, à *Nuremberg).*

MECKLEMB. STREL. Mr. *Léopold - Hartwic de Plessen à Vogelsang*, chambellan, Envoyé.

Mr. *Jean - Henri Keller*, Secrétaire de légation.

Rome.

PRUSSE. Mr. *de Schmalensee*, Chargé d'affaires.

Rotterdam.

AUTRICHE. Mr. *Gisbert van Schaick*, Vice-consul, 1803.

Stuttgard.

R. FRANÇAISE. Cit. *Remond*, du dép. des affaires étrang. Secrét. de légation.

Stockholm.

ESPAGNE. Mr. le chevalier *Joseph d'Ocariz*, (à *Hambourg*), Envoyé désigné.

R. FRANÇAISE. Cit. *Bourgoing* etc. absent par congé dep. 1. Avril 1803 et Cit. *Caillard*, Chargé d'affaires.

RUSSIE. Mr. *d'Alopéus*, conseiller de chancelerie etc.

Mr. *Semenow*, conseiller de cour etc.

Tunis.

R. Française. Cit. *Bellerte*, Secrét. interprète-adjoint.

Vienne.

R. Batave. Ajoutez: Cit. *van Spaan*, le jeune, Secrétaire de légation.

CORRIGE

ce 1. Juin 1805.

ERRATA.

Pag.		l.		lisez	
40		10	—	*Bosgiowitch.*	
74	—	7	—	*d'Artemieff.*	
85	—	2	—	*Jarlsberg.*	
91	—	1	—	*Yozefowitch.*	
98	—	10	—	*Collaço.*	
112	—	7	—	*Gahn.*	
116	—	12	—	*Gand.*	
123	—	5	—	*Lucchesini.*	
125	—	7	—	*Fr. C. de Bäer.*	
129	—	18	—	*Shairp.*	
134	—	13	—	*Cattaro.*	

www.ingramcontent.com/pod-product-compliance
Lightning Source LLC
Chambersburg PA
CBHW062223270326
41930CB00009B/1851